Epi-Food

SOULFOOD
zuckerfrei

über 60 Rezepte
einfach | gesund | ohne Verzicht

EMF

EIN BUCH DER
EDITION MICHAEL FISCHER

INHALT

VORWORT

„Ein Teelöffel Zucker versüßt jede Medizin“

Na, wer erkennt das Lied von Mary Poppins wieder?

Zucker! – Wir alle wissen doch mittlerweile, wie schlecht Zucker für uns ist. Zumindest wird das behauptet. Er verursacht Karies, macht dick und soll für viele Krankheiten verantwortlich sein, unter anderem Adipositas und Diabetes. Trotzdem sind wir süchtig danach. Aber Zucker wirkt sich auch positiv auf unser Belohnungszentrum aus und macht uns für einen wundervollen Moment glücklich, wenn es uns schlecht geht. Er lässt uns nicht im Stich, denn er ist immer und überall erhältlich, günstig und ein toller Geschmacksverstärker. Klingt doch irgendwie ein bisschen wie eine tolle Droge oder nicht? Aber was ist denn an ein bisschen Zucker so schlimm? Oder ist gar nicht so wenig davon in unserem Essen?

Lange Zeit war Zuckerrohr, das „weiße Gold“, den Reichen vorbehalten. Und tatsächlich wurde die Grundlage für die industrielle Zuckerproduktion erst Anfang des 19. Jahrhunderts gelegt. Der Zuckerpreis fiel mit der Zeit, und so entwickelte er sich zum Gegenstand des täglichen Bedarfs.

Die befriedigende Süße von Zucker ist wortwörtlich Honig für die Seele. Aber ist denn Honig genauso so schlimm? Süß ist er ja. Und wie sieht es eigentlich mit Süßkartoffeln aus? Diese enthalten doch Kohlenhydrate, und Kohlenhydrate sind doch auch chemisch gesehen Zucker? Auf diese Fragen und mehr gehen wir in den folgenden Zeilen genauer ein.

ZUCKER IN ZAHLEN

Noch im Jahr 1800 lag die jährliche Welt-Zuckerproduktion bei 0,25 Mio. Tonnen und stieg bis 1993 auf über 101 Mio. Tonnen an. Außerdem wurde seit 1900 auch eine kontinuierlich ansteigende Häufigkeit von Übergewicht festgestellt.

In den Jahren 2017/18 lag der Pro-Kopf-Konsum von Weißzucker in Deutschland bei sage und schreibe 34,8 kg. Fairerweise muss man erwähnen, dass wir aber noch weit unter dem Wert manch anderer Länder liegen. So wurde 2014/2015 in Australien ein Pro-Kopf-Verbrauch von Zucker pro Jahr von 59,2 kg gemessen. Der gemessene Zuckerkonsum von Amerika liegt hingegen unter dem europäischen Wert, was daran liegen könnte, dass man dort vermehrt HFCS (High Fructose Corn Sirup) verwendet. Hierbei handelt es sich um ein Süßungsmittel, das enzymatisch aus der Stärke von Mais hergestellt und somit nicht zum herkömmlichen Weißzucker gezählt wird. Er weist allerdings ebenso negative gesundheitliche Effekte auf.

Würde man sich an die von der Weltgesundheitsorganisation (WHO) empfohlene Tagesdosis von 25 g Haushaltszucker pro Tag und Kopf halten wollen, dann würde das auf das Jahr gerechnet höchstens 9,125 kg pro Person erlauben. Zum Vergleich: 25 g Zucker entsprechen etwa 250 ml Softdrink oder einem kleinen Becher gesüßten Fruchtjoghurt. Wow – das macht sogar uns sprachlos!

Wer sich jetzt denkt „So viel esse ich nie und nimmer!“, kann damit natürlich Recht haben. Aber das Erschreckende daran ist, dass jemand anderes gut und gerne weitaus mehr als den Durchschnitt konsumiert und dementsprechend mit gesundheitlichen Folgen zu kämpfen hat. Es ist schwer, sich ein genaues Bild über den eigenen Konsum zu verschaffen, wenn man bedenkt, wie viel Zucker sich in unseren Lebensmitteln versteckt. Vor allem, wenn einen die Sucht nach etwas Süßem gerne auch die Menge unterbewusst relativieren lässt, um sich seinen – ach so kleinen, aber stark zuckerhaltigen – Snack ohne schlechtes Gewissen genehmigen zu können. Insbesondere, wenn uns schlichtweg die Zeit dazu fehlt, sich Gedanken darüber zu machen. Und genau das wollen wir ändern.

„EPI-FOOD" – ERNÄHRUNG OHNE RAFFINIERTEN ZUCKER

„Epi-Food" ist ein von uns entwickeltes, nährstoffbasiertes Ernährungskonzept. Der Begriff „Epi" kommt von „Epigenetik", einer Wissenschaft, die sich damit beschäftigt, inwiefern sich Gene durch externe Faktoren beeinflussen lassen. Wer seine Gene umschmeichelt, der kann auch seine Gesundheit positiv beeinflussen. Da jeder Mensch – genau wie seine DNS – individuell ist, benötigt er auch eine individuelle Ernährung. Diese ist abhängig von Stoffwechsel, Darmflora, Erbgut, Lebensstil und den täglichen körperlichen Ansprüchen jedes Einzelnen.

Bei unserem Epi-Credo wird auf Weizen, Kuhmilch und raffinierten Zucker verzichtet, aber auch künstliche Aroma- oder Konservierungsstoffe finden hier keinen Platz. Die Ernährung soll so natürlich wie möglich sein, denn industrielle Massenprodukte wie Weizen und Kuhmilch haben im Verlauf der letzten Jahrzehnte durch immer weitere Kostensenkungen zu einem Verlust der Qualität geführt. Diese ist allerdings wichtig, um die Nährstoffe in den Lebensmitteln zu garantieren.

Im Rahmen unseres Ernährungskonzepts wird zwar vollständig auf Weißzucker verzichtet, was aber nicht heißt, dass süßen Träumen kein Platz eingeräumt wird – ganz im Gegenteil: „Deine Nahrung soll auch deine Medizin sein" – wie schon Hippokrates gepredigt hat. All das, was wir nach Außen strahlen und was uns glücklich macht, kann ein Ergebnis unserer Ernährung sein, denn ein gesunder Körper braucht auch einen gesunden Nährstoffhaushalt. Süßes Soulfood gehört also auch ab und an dazu.

Wie schwer das heutzutage sein kann, zeigt ein Vergleich: Durchschnittlich wird eine tägliche Zufuhr von 1900–2500 Kalorien empfohlen. Diese richtet sich nach Alter, Geschlecht, Berufsgruppe usw., also dem individuellen Grundumsatz, der geregelt ist durch Darmbakterien und Hormonhaushalt. Wer nun eine ausgewogene Ernährung aus gesunden Fetten, tierischen und/oder pflanzlichen Proteinen sowie hochwertigen Kohlenhydraten wie Vollkorngetreide, Hülsenfrüchten oder Gemüse pflegt, der wird seinen Nährstoffhaushalt gut versorgen können. Wer allerdings im Rahmen dieser empfohlenen Kalorien jede Menge an Softdrinks, Keksen und zuckerhaltigen sowie oft nährstoffarmen Fertigprodukten verzehrt, der wird auf lange Sicht einen Nährstoffmangel aufweisen. Vor allem im Kindesalter, aber auch als Sportler, werdende Mutter und eigentlich in jeder Lebenslage sollte unbedingt auf eine gesunde Nährstoffversorgung geachtet werden, wenn man so lange wie möglich gesund und ausdauerfähig bleiben möchte.

Der Verzehr von Weißzucker liefert uns weder Vitamine und Mineralstoffe, noch gesunde Fette sowie hochwertige Proteine. Es gibt somit keine physiologische Notwendigkeit für seinen Konsum. Auch wenn wir von Weißzucker sprechen, meinen wir hierbei alle raffinierten Zuckersorten wie (raffinierten) Rohr- und Rübenzucker, aber auch braunen Zucker, der meistens einfach nur mit Melasse (Zuckersirup) versetzt wurde. Wie du später noch sehen wirst, verwenden wir auch keine Sirupe im klassischen Sinn, die hauptsächlich aus Fructose bestehen oder chemisch bearbeitet wurden. Sie liefern uns nur kurzfristig schnelle Energie. Zwar muss der Körper mit Stoffen versorgt werden, die zum einen Energie liefern, aber eben auch für Wachstum und Regeneration sorgen. Diese lassen sich ausreichend in unverarbeiteten Lebensmitteln finden.

Mit diesem Kochbuch möchten wir dir nicht nur zeigen, wie du komplett ohne Süßes auskommst, sondern dir vielmehr Ideen liefern, wie du süßes und herzhaftes Soulfood kreieren und damit deinem Körper gesunde Nährstoffe zuführen kannst. Außerdem stellen wir dir unsere natürlichen Ersatzstoffe für Zucker vor und möchten dir Tipps geben, wie du deine Kreationen trotz Verzicht auf Kuhmilch, Weizenmehl und Weißzucker lieben wirst. Jetzt viel Spaß mit dem Buch und viel Freude beim Ausprobieren der Rezepte. Wir freuen uns sehr, dass du den Weg zur zuckerfreien Ernährung gewählt hast, und heißen dich als Mitglied der Epi-Community willkommen. Denn bereits der Kauf dieses Buches bedeutet, dass dir deine Gesundheit sowie auch der Genuss wichtig sind.
#epifood #epiyou

GRUNDLAGEN

Zucker ist Energie und wir brauchen diese Energie, um zu leben und funktionieren zu können. Warum wir jedoch nach einem Teelöffel Zucker nicht sofort aufspringen und beispielsweise voller Elan anfangen, den Rasen zu mähen, lässt sich leicht herausfinden, wenn wir uns den Zucker genauer ansehen.

BASISWISSEN ZUCKER

„Ich verzichte gerade auf Zucker" hast du vermutlich schon öfters gehört, denn Zucker kann sich bekanntlich nicht nur negativ auf unsere Figur, sondern vor allem auch auf unsere Gesundheit auswirken. Doch welche Art von Zucker meinen wir hier genau?

BRAUCHEN WIR DENN KEINEN ZUCKER, UM ZU ÜBERLEBEN?

Kohlenhydrate sind chemisch gesehen Saccharide, also Zucker. Sie reihen sich neben unsere anderen Makro-Nährstofflieferanten ein: Eiweiße (Proteine) und Fette. Kohlenhydrate liefern unserem Körper die für ihn notwendige Energie und tragen maßgeblich zu unserer Sättigung bei. Dabei sättigen uns komplexe Kohlenhydrate, sogenannte Polysaccharide (Mehrfachzucker), mehr als Mono- oder Disaccharide (Einfach- und Zweifachzucker). Diese Vielfachzucker sind z. B. in Pflanzen (u.a. Kartoffeln, Getreide, Reis und Mais) enthalten.

In unserem Verdauungstrakt werden Kohlenhydrate mit Hilfe von Enzymen, sog. Amylasen, zu Glucose, einem Monosaccharid, aufgespalten, welcher wiederum durch das Insulin in unsere Blutbahn und so zu unseren Zellen gelangt. Der sogenannte Blutzuckerspiegel bleibt somit konstant und ist für uns lebenswichtig, da er die Versorgung unseres Gehirns garantiert. Fructose, ebenfalls ein Einfachzucker, kann im Gegensatz zu Glucose nicht von allen Zellen zersetzt werden, sondern nur von unserer Leber. Ist die Leber allerdings überfordert mit dem Fructoseabbau durch eine langfristig zu hohe Aufnahme von Fructose, so wird Fructose in Fett umgewandelt. Ein vermehrter Fructosekonsum kann über den Abbau zu Triglyceriden und damit zur Hyperlipidämie (=Fettstoffwechselstörung bzw. erhöhte Werte im Blut) führen. Ein Überkonsum (v a. in Kombination mit Glucose) kann zu mehreren Erkrankungen wie Typ-2-Diabetes oder Adipositas führen.

Einfach- oder Zweifachzucker (Einfachzucker: Glucose, Fructose; Zweifachzucker: Saccharose, Maltose und Lactose) sind für unseren Körper zwar schnell verfügbar, bewirken jedoch kein Sättigungsgefühl und können unseren Blutzuckerspiegel erst stark ansteigen und danach stark abfallen lassen. Ein solcher starker Abfall sorgt für einen akuten Heißhunger. Daher sollte Energie in Form von natürlichem Zucker nur dann zugeführt werden, wenn wir diese auch wirklich brauchen.

„FREIER" ZUCKER

Dieser Begriff umfasst alle Monosaccharide und Disaccharide, die Nahrung und Getränken entweder durch den Verbraucher (z. B. im Kaffee oder im Müsli) oder durch die Lebensmittelhersteller in vielen verarbeiteten Lebensmitteln (z. B. Fertiggerichte, Limonade oder Kekse) und der Gastronomie (z. B. in Süßspeisen) zugefügt werden. Darunter versteht man unter anderem Traubenzucker (Glucose, Dextrose), Milchzucker (Lactose), Fruchtzucker (Fructose), Haushaltszucker (Saccharose) sowie Malzzucker (Maltose) oder auch Zucker, der in Honig, Sirupen, Fruchtsäften und Fruchtsaftkonzentraten vorkommt. Zucker, die in Obst oder Gemüse enthalten sind, sind hier ausgeschlossen.

Bestimmte Nahrungsmittel wie Brot, Nudeln, Gemüse und Getreide werden in unserem Körper zu Traubenzucker (Glucose, Dextrose) verbrannt, er ist also essentiell für uns. Milchzucker (Lactose) befindet sich hingegen in Milch und in den meisten Milchprodukten. Während des Reifeprozesses von Käse wird Lactose aber in Milchsäure umgewandelt, sodass viele Käsesorten von Natur aus lactosefrei sind. In diesem Zusammenhang ist die weit verbreitete Lactoseintoleranz zu erwähnen, die weltweit bei 76 Prozent Betroffenen liegt. Wer eine solche Intoleranz aufweist, sollte den Verzehr lactosehaltiger Lebensmittel vermeiden, denn durch weiteren Konsum kann der Darm geschädigt und somit weitere Krankheiten wie Autoimmunkrankheiten begünstigt werden.

Wir von Epi-Food verzichten nicht nur aufgrund einer Unverträglichkeit auf Kuhmilchprodukte, sondern auch wegen der teils nachgewiesenen Menge an Stresshormonen und Antibiotika-Rückständen. Ebenso kann Kuhmilch auch Krankheiten der Atemwege begünstigen, da sie eine schleimfördende Wirkung im Körper hat. Zudem galt Kuhmilch lange als wichtige Kalziumquelle, jedoch haben Studien mittlerweile das Gegenteil bewiesen: Kuhmilch übersäuert den Körper. Um diesen Säureüberschuss auszugleichen, mobilisiert der Körper Kalzium (da basisch) aus den Knochen. Dieser Kalziumverlust kann in Konsequenz Osteoporose (=Knochenschwund) zur Folge haben.

Weiter geht es mit unserem „freien“ und somit ungesunden Zucker: Weißzucker und Fructose. Letztere kommt vor allem in Früchten und im Honig vor und ist in Spuren im Großteil der Pflanzen enthalten. Der industrielle, extrahierte Zucker enthält im Gegensatz zu den Früchten weder Faserstoffe noch Vitamine. In 80 Prozent aller verarbeiteten Lebensmittel finden wir heutzutage Saccharose, diese besteht jeweils zur Hälfte aus Glucose und Fructose und kann weiß oder braun sein (beide Varianten sind gleich ungesund). In den USA wird gerne Fructose-Glucose-Sirup oder hochkonzentrierter Maissirup verwendet. Er ist preiswert, und der Fructosegehalt liegt zwischen 42–90 %. Ebenso gehören Agavendicksaft und -sirup, Ahornsirup, Kokosblütenzucker und -sirup, Palmzucker und Reissirup zu den industriell verarbeiteten Zuckersorten. Warum wir dennoch auf Varianten wie Ahornsirup und Kokosblütensirup zurückgreifen, erklären wir bei unseren Zuckeralternativen (siehe Seite 10–11).

ZUCKERALKOHOLE UND SYNTHETISCHE SÜSSSTOFFE

In aufwendigen chemischen Prozessen werden Zuckeralkohole (Zuckeraustauschstoffe) hergestellt und verschiedenen kalorienreduzierten Backwaren, Aufstrichen, Softdrinks sowie Süßigkeiten zugefügt. Die Namen dieser Zuckeralkohole sind folgende: Erythritol (Erythrit), Xylitol (Xylit), Mannitol (Mannit), Maltitol (Maltit), Lactitol (Lactit), Sorbitol (Sorbit) und Isomalt. Sie punkten gegenüber Zucker auch im Bereich Zahnfreundlichkeit und wirken deutlich weniger bis gar nicht insulinaktivierend. Sie haben also einen wesentlich geringeren Einfluss auf den Blutzuckerspiegel. Allerdings kann unser Körper Zuckeralkohole nur schwer verwerten, d.h. bei größeren Mengen (30–50 g) kann es zu Beschwerden wie Bauchschmerzen bis hin zu Durchfall kommen. Das zeigt uns die negative Auswirkung solcher Zuckeralkohole auf unser Mikrobiom, also die Gesamtheit unserer Darmbakterien.

Daneben gibt es auch noch Süßstoffe, die synthetisch hergestellt und daher oft als Zuckerersatz verwendet werden, wie Natriumcyclamat, Saccharin, Acesulfam K oder Aspartam.

In einer israelischen Studie von 2014 fanden Forscher heraus, dass Mäuse nach dem Konsum von Saccharin, Sucralose oder Aspartam Störungen in der Darmflora und beim Glucosestoffwechsel bekamen.

Synthetische Süßstoffe können sich auf Stoffwechsel, Appetit, Geschmackswahrnehmung und das Mikrobiom des Darms negativ auswirken. Am fatalsten ist der Konsum von Süßstoffen für Kinder, denn das Gehirn lernt, dass Zucker in Verbindung mit einer Kalorien-Energie-Aufnahme steht. Es bewirkt also eine Störung, eine Dissonanz im Gehirn. Das heißt, der süße Geschmack wird mit dem Lebensmittel aufgenommen, aber die Kalorien fehlen, womit der Hunger danach schnell wieder eintritt. Somit täuschen sie nicht nur das Gehirn, sondern schaden auch unserem gesunden Stoffwechsel.

SYNTHETISCHE SÜSSSTOFFE

- Acesulfam (E 950)
- Advantam (E 969)
- Aspartam (E 951)
- Aspartam-Acesulfam-Salz (E 962)
- Cyclamat (E 952)
- D-Tagatose
- Neohesperidin (E 959)
- Neotam (E 961)
- Saccharin (E 954)
- Sucralose (E 955)
- Steviosid (E 960)
- Thaumatin (E 957)
- Zuckeralkohole
- Mannit (E 421)
- Sorbit (E 420)
- Isomalt (E 953)
- Polyglycitolsirup (964)
- Maltit (E 965)
- Lactit (E 966)
- Xylit (E 967)
- Erythrit (E 968)

UNSERE ZUCKERALTERNATIVEN

DATTELSÜSSE

Datteln entfalten eine angenehme Süße in Gerichten. Man kann entweder frische oder getrocknete Datteln aber auch Dattelsüße in Form von Pulver oder Sirup verwenden, um leckere Süßspeisen zu zaubern. Bei Dattelsirup handelt es sich um getrocknete Datteln, welche mit Wasser eingekocht werden. So enthält der Dattelsirup nach wie vor wichtige Vitamine, Mineralstoffe und Antioxidantien.

KOKOSBLÜTENZUCKER

Um Kokosblütenzucker herzustellen, benötigt man den Nektar aus den Blütenknospen der Kokospalme. Der Kokosblütennektar wird in einem Behälter gesammelt und entweder bei geringer Temperatur mit einem Vakuum-Dampfkocher bearbeitet oder aufgekocht, damit Kokosblütenzuckerkristalle entstehen. Kokosblütenzucker hat einen niedrigen glykämischen Wert. Dieser ruft keinen rapiden, sondern einen langsamen und gleichmäßigen Anstieg des Blutzuckerspiegels hervor. Sein Vorteil gegenüber dem Weißzucker besteht darin, dass er noch Mineralstoffe und Spurenelemente enthält. Wir verwenden ihn als Ersatz für braunen Zucker, weil er eine ähnliche Konsistenz sowie ein karamellartiges Aroma besitzt.

FRÜCHTE

Früchte enthalten von Natur aus Fructose und Glucose, wobei der prozentuale Anteil von Fructose beim Trocknungsvorgang steigt, da der Frucht die Flüssigkeit entzogen wird. Der Vorteil gegenüber dem „freien" Zucker ist, dass Früchte noch Faserstoffe enthalten. Zum Vergleich: Für 1 kleines Glas Apfelsaft benötigst du etwa 3 Äpfel. Der Saft ist schnell getrunken, aber die 3 Äpfel, bestehend aus Faserstoffen, machen ordentlich satt. Für das Süßen von Nachspeisen benutzen wir besonders gerne Bananen, Äpfel und Trockenfrüchte wie Datteln oder Feigen.

AHORNSIRUP

Er enthält gute Mineralstoffen und hat einen noch geringeren Kaloriengehalt als Honig. Der Sirup wird aus dem Saft des Ahornbaumes gewonnen, der erst gezapft und danach durch Kochen eingedickt wird. Je heller die Farbe des Safts, desto milder der Geschmack, da er früher geerntet wurde. Im Gegensatz dazu schmeckt der dunkle Ahornsirup etwas intensiver. Ahornsirup wird in verschiedenen Graden (AA–D) angeboten. Die Lichtdurchlässigkeit spielt hier eine große Rolle: Ein Sirup mit Grad A weist eine höhere Lichtdurchlässigkeit auf als ein Sirup mit Grad C, der dementsprechend dunkler und auch teurer ist. Der aus Ahorn gewonnene Sirup enthält außerdem u.a. Kalium, Kupfer, Kalzium und Riboflavine (Vitamin B_2). Es ist wichtig, auf die Qualität zu achten, da er immer häufiger mit Zuckerwasser gepanscht und somit verfälscht wird.

HONIG – DAS GOLD DER NATUR

Die antibakterielle, antimykotische sowie antioxidative Wirkung des Honigs kann bei entzündlichen Prozessen im Körper Hilfe leisten. Auch seine präbiotische Wirkung kann sich positiv auf unsere Darmflora auswirken, indem er vielen gesunden Darmbakterien als wertvolle Nahrung dient. Jedoch kommt es dabei extrem auf die jeweilige Qualität des Honigs an. Während konventionelle Imker die Flügel der Bienen stutzen, chemotherapeutische Mittel einsetzen sowie Zuckerwasser zum Zufüttern verwenden, sind diese Praktiken in der Bio-Imkerei verboten. Ebenso wie den Honig über 40 °C zu erhitzen, wohingegen Import-Honig häufig über 75 °C erhitzt wird (pasteurisiert). Durch diese Erhitzung denaturieren die gesunden Inhaltsstoffe, und der Honig bleibt lediglich als schlichtes Fructose-Glucose-Gemisch über.

Bei all unseren Alternativen gilt (wie immer im Leben): „Die Dosis macht das Gift!". Verwende diese Produkte daher stets mit Bedacht und achte immer auf eine gute Qualität. Dazu gehört es auch, sich bewusst zu werden, wo auf Zucker problemlos verzichtet werden kann, und wo eine kleine Dosis an alternativen Süßungsmitteln notwendig ist.

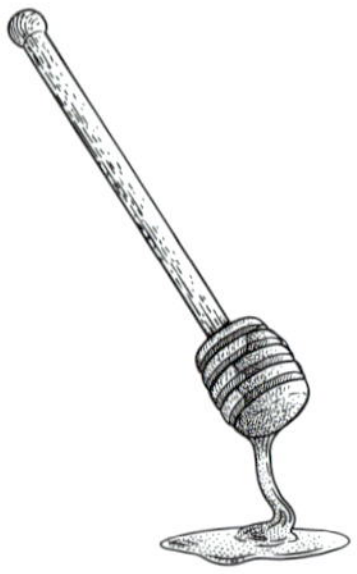

ZUCKERFREI EINKAUFEN

Zuckerfrei einzukaufen gestaltet sich meist schwieriger, als es zunächst scheint. Die Industrie ist nicht nur mit den versteckten Zuckernamen kreativ, sondern auch in welche Produkte sie Zucker hinzugeben. Denken wir an gezuckerte Lebensmittel, kommt uns meist die Süßigkeitenabteilung in den Sinn oder das Limonaden-Regal. Dass jedoch fast überall Zucker zugesetzt sein könnte, macht den Einkauf zum Spießrutenlauf.

VERSTECKTER ZUCKER: DAS SIND SEINE DECKNAMEN

In der Nährwerttabelle eines Produkts, die auf der Verpackung oder dem Etikett zu finden ist, werden alle enthaltenen Mono- und Disaccharide als „Zucker" bezeichnet und zusammengefasst berechnet. In der Zutatenliste aber müssen die Zuckerarten einzeln aufgeführt werden. Hier können wir also unseren versteckten Zucker finden. Wenn lediglich „Zucker" dasteht, ist damit Rüben- oder Rohrzucker (Saccharose) gemeint. Hier ist Vorsicht geboten: Die WHO warnt Verbraucher vor verstecktem Zucker, denn die Hersteller tricksen hier mit allen Mitteln. Daher findest du anbei eine Liste mit verschiedenen Decknamen, die eurem Zucker-Detektor zukünftig auffallen sollten:

- Saccharose, Lactose und andere -osen (z. B. Dextrose oder Fructose)
- Süßmolkenpulver (besteht aus etwa 72 Prozent Milchzucker)
- Mais- und Stärkesirup
- Invertzucker und Invertzuckersirup („Kunsthonig"-Geschmack)
- Maltose = Malzzucker (z. B. Maltodextrin oder Maltoextrakt)
- Dicksaft

Im Internet finden sich über 50 Zuckernamen, die sich alle von den oben Genannten ableiten – ein Indiz für die hohe Ausgefeiltheit der Industrie.

IN WELCHEN PRODUKTEN IST ZUCKER ENTHALTEN?

Der nächste Wocheneinkauf steht an, und wir betreten den Supermarkt. Der versteckte Zucker lauert in Produkten, in denen wir ihn überhaupt nicht vermutet haben, denn er ist nach wie vor unschlagbar günstig, um Lebensmittel zu konservieren, d.h. länger haltbar zu machen.

Im Kühlregal sehen wir uns die Joghurts an: Bei fast allen verbirgt sich Zucker. Am meisten haben wir ihn im Fruchtjoghurt erwartet, aber er versteckt sich auch in einer erheblichen Menge von Light-Varianten, im fettarmen Joghurt sowie in Soja-Joghurtalternativen. Auch die marketingtechnisch aufgewerteten Produkte, wie z. B. Joghurt-Drinks, die Abwehrkräfte stärken oder besonders bei Kindern für die Vitaminzufuhr geeignet sein sollen, sollte man grundsätzlich meiden. Diese tragen höchstens zu einer massiven Zuckersucht bei und nicht zuletzt auch zu Karies.

Gehen wir ein Regal weiter: Getränke, d.h. Säfte, Limonaden und Soda-Getränke – es ist erschreckend, wie viel Zucker getrunken wird! Das ist folglich auch die erste Maßnahme, wenn man seinen Zuckerkonsum einschränken möchte: Den Zucker in erster Linie nicht mehr trinken. Dazu zählt auch Alkohol, denn dieser wird in unserem Körper sofort zu Zucker umgewandelt und belastet somit unsere Leber doppelt. Hier gilt also: Verzicht oder Maß halten! Es gibt jedoch einen Lichtblick: Es macht großen Spaß sog. „Mocktails" (alkoholfreie Cocktails), d.h. Alternativen ohne raffinierten Zucker zu kreieren. In diesem Buch findest du ein paar Ideen dafür (siehe ab Seite 141).

Nun geht es zu den Saucen: Von Pasta- über Grillsaucen wie Ketchup, Mayo, aber auch Marmeladen und Co. – fast überall ist Zucker zugesetzt! Auch hierzu gibt es ein paar einfache und vor allem zuckerfreie Alternativen (ab Seite 127).

Wir sind beim sog. „Convenience Food“ angekommen: Die unter diesen Begriff fallenden Fertiggerichte und Gerichte in Konserven, wie z. B. Dosensuppen, stehen nicht nur lange in den Supermarkt-Regalen, sondern strotzen nur so von zugesetzten Geschmacksverstärkern, Konservierungsstoffen und eben – wie sollte es anders sein – reichlich Zucker! Da diese Produkte sogar unsere schlechten Darmbakterien „konservieren“, ist das ein weiteres Argument, warum wir diese in Zukunft meiden sollten. So können TK-Produkte (TK-Gemüse oder -Früchte ohne Zuckerzusatz) hier eine gute Alternative darstellen, denn durch das Einfrieren werden die enthaltenen Nährstoffe konserviert, somit kann auf zusätzliche Konservierungsstoffe als auch auf Zucker verzichtet werden.

Am sinnvollsten ist es aber immer einen Blick auf die Zutatenliste der Produkte zu werfen, und die Zusammensetzung genau zu studieren. Hier unser Tipp: Je weniger Zutaten in einem Produkt enthalten und diese dabei auch verständlich sind, desto besser seine Qualität.

Zum Abschluss geht’s in die Süßigkeiten- und Snackabteilung: In sogenannten „Kindersnacks“, die gesund sein sollen, sowie auch in vielen vermeintlich gesunden Müsliriegel ist oft Zucker in all seinen Namen und Formen enthalten. Von Invertzucker über Maltose und Dicksaft bis hin zu Zuckeralkoholen sind hier einige seiner Vertreter zu finden. Es lohnt sich also hier genau hinzusehen oder einfach eigene Snack-Kreationen zu zaubern (siehe ab Seite 99).

WIE SCHÄDLICH IST ZUCKER?

Wenden wir uns nun dem Gesundheitsfaktor von Zucker zu. Welche möglichen Schäden insbesondere für unseren Stoffwechsel sowie die Gesamtheit unserer Darmbakterien können die Folge von Zuckerkonsum sein?

WELCHE AUSWIRKUNGEN HAT „FREIER" ZUCKER AUF UNSER MIKROBIOM?

Das Mikrobiom beschreibt die Gesamtheit der Darmbakterien in einem Organismus. Sie ist bei jedem von uns sehr individuell sowie auch anpassungsfähig. Innerhalb nur eines Tages kann sich die Darmflora ändern und somit schlechte sowie gute Bakterienstämme in Einklang oder eben auch in ein Ungleichgewicht bringen.

So haben Forscher in Israel bereits im Jahr 2019 mehrere Untersuchungen durchgeführt, die zeigen, dass der Blutzuckerspiegel ganz unterschiedlich auf die Zufuhr von zuckerhaltigen Lebensmitteln reagiert. Je nachdem, wie die Zusammensetzung des Darm-Mikrobioms gestaltet ist, können die Verläufe des Blutzuckerspiegels nach der Aufnahme bestimmter Lebensmittel unterschiedlich ausfallen.

Somit spielt unser Mikrobiom eine wichtige Rolle in unserer jeweiligen Anfälligkeit für eine Insulinresistenz oder sogar für eine Typ-2-Diabetes-Erkrankung.

Zusätzlich kann ein übermäßiger Zuckerkonsum auch einen Nährboden für verschiedene Darmpilze bilden, deren giftige Stoffwechselprodukte unsere Entgiftungsorgane und somit auch unser Immunsystem schädigen können. Wenn unser geschädigtes Immunsystem das Pilzwachstum nicht mehr ausreichend stoppen kann, gelangen die Giftstoffe in unsere Blut- und Lymphwege. Dort will sie unser Organismus bekämpfen, was sich über allergische Entzündungen wie Ekzeme, Asthma oder auch Heuschnupfen (also Befall von Haut, Lunge, Bronchien, Nase und Nebenhöhlen) äußern kann.

Zudem entstehen durch übermäßigen Zuckerkonsum auch starke Darmgärungen, die unsere Darmflora aus dem Gleichgewicht bringen. Die durch den Zucker bedingte Anfälligkeit für schlechte Bakterien führt also dazu, dass sich diese rasch vermehren und somit andere gute Bakterien verdrängen.

Generell gilt: Je mehr unterschiedliche Bakterien unser Mikrobiom enthält, also je größer die Vielzahl, desto gesünder sind wir – und auch besser gelaunt.

GIBT ES EINE „ZUCKERSUCHT"?

Die Zuckersucht ist ein krankhaftes Verlangen, das uns im Alltag einschränkt. Trotzdem müssen wir dabei zwischen einer echten Sucht oder Abhängigkeit und schlichtem Heißhunger sowie Gewohnheiten unterscheiden.

An dieser Stelle möchten wir alle Eltern anhalten, mit der Gewohnheit zu brechen, ihren Kindern eine Nachspeise zu versprechen, wenn sie aufgegessen haben. Denn was daraus folgt, ist eine gefährliche Angewöhnung: Ein kontinuierliches Essen über die Sättigungsgrenze hinaus, das eine Höchstbelastung der Leber und unseres Darms zur Folge hat. Wir tendieren alle mal dazu, Gewohnheiten zu pflegen, d.h. die Entscheidung unterbewusst schon getroffen zu haben. Leider gehört auch der Schokoriegel als Energiekick am Nachmittag oder das Stück Kuchen zur Belohnung dazu, was aber für unsere Gesundheit nicht unbedingt förderlich ist.

Apropos Belohnung – genau diese Glückshormone schüttet unser Körper aus, wenn wir ihn mit schnell verfügbarer Energie – also „freiem" Zucker – füttern. Diese Tatsache macht es für uns noch leichter und attraktiver, ebendiese Gewohnheiten beizubehalten. Ebenso möchte uns die Lebensmittel-Industrie tagtäglich dazu verleiten, mehr zu essen, als wir brauchen. Da sind Weizen und Zucker perfekt für diese Vorhaben, denn unser Blutzuckerspiegel fährt durch diesen Konsum Achterbahn mit uns. So schreit unser Körper beim starken Abfall des Blutzuckers förmlich nach schneller Energie. Und wer kann da schon „Nein!" sagen, wenn uns der Geruch frischer Backwaren in die Nase steigt, oder wir die schön verpackten Schokoriegel an der Kasse sehen? Perfekt platziert und wie ein Teufel auf der rechten Schulter – da freut sich die Lebensmittelindustrie, wenn wir mal wieder schwach geworden sind.

Solch ein Szenario könnte man schon als „süchtig" empfinden, obwohl unser Gehirn die Verführung immer wieder anstößt. Bezeichnet wird dieser Vorgang auch als „kognitive Dissonanz", denn wir überzeugen uns selbst, dass der dritte Schokoriegel „nun wirklich sein darf", denn „es war so ein anstrengender Tag". Die Überzeugung: „Ich vertrage das super und ich brauche das" sowie „Mir kann der Zucker nichts anhaben" beschreibt unseren dabei stattfindenden, inneren Konflikt, denn eigentlich wissen wir, dass übermäßiger Zuckerkonsum jedem von uns schadet. Deswegen: Das nächste Mal werden wir den süßen Teilchen beim Bäcker auf dem Weg zur Arbeit widerstehen oder auf den Schokoriegel verzichten. Beweisen wir uns, dass wir die Entscheidung für einen bewussten Genuss und gegen einen übermäßigem Zuckerkonsum für unsere Gesundheit, unser Wohlbefinden und ja, auch unsere Laune, selbst treffen können.

FÜR IMMER RIGOROSER VERZICHT?

Wir sagen ganz klar: Nein! Eine ausgewogene, gesunde Ernährung ist ebenso an unseren Lifestyle wie an unsere Psyche gekoppelt. Wenn wir uns zu sehr einschränken, leidet unsere Psyche und unsere Sozialfähigkeit darunter. Wir empfehlen daher, in erster Linie auf unnötige Zuckerbomben zu verzichten. Hier stehen vor allem Zuckerwasser wie Cola und Limonaden an erster Stelle. Aber auch Lebensmittel, die versteckten Zucker enthalten, um das Produkt lediglich länger haltbar zu machen, sollte man ebenso meiden.

Du hast an den Feiertagen oder auf einem Geburtstag gesündigt? Hier hilft es nicht, das Schlemmen zu bereuen. Im Gegenteil: Du habt bewusst im Kreise der Familie gutes Essen genossen – das ist Seelenbalsam. Die Tage darauf freust du dich aber wieder auf frische, gesunde Speisen und legst wieder etwas mehr Fitness an den Tag. Dein Körper wird dir für diesen Ausgleich danken und dein Gemüt ebenso.

DEINE NEUE
ZUCKERFREIE KÜCHE

KNOBLAUCH UND ZWIEBELN

Sie enthalten ätherische Öle und peppen jedes herzhafte Gericht auf. Bei Knoblauch sollte man immer den grünen Trieb entfernen, da dieser giftig ist. Am besten schmeckt Knoblauch in Speisen, wenn man ihn in etwas Öl anbrät, bevor man ihn weiterverarbeitet. Dabei ist junger Knoblauch besonders bekömmlich. Diesen muss man nicht schälen und sein Aroma ist milder als seine „ältere“ Variante. Zwiebeln wirken antibakteriell und sind somit gut für unser Immunsystem, aber auch eine ideale Grundlage für Suppen, Saucen und Eintöpfe. Wir verwenden gerne auch rohe Zwiebeln. Wer sich dabei mit der Verdauung schwer tut, kann die geschnittenen Zwiebelringe vorher für ca. 10 Minuten in Eiswasser legen. Das nimmt den Zwiebeln die Schärfe und sie werden so leichter verdaulich.

GEFRORENE FRÜCHTE UND BEEREN

Hierzulande bekommen wir frische Früchte meist ganzjährig im Handel. Allerdings sind gefrorene Früchte meist die bessere Variante, vor allem bei Beeren, denn sie halten lange im Gefrierregal und sind zudem auch preisgünstiger als die frischen Exemplare. Bei uns im Gefrierschrank sind meistens Beeren, Mangostücke, Bananen sowie tropische Früchte zu finden, um diese jederzeit verwenden zu können. Achte beim Kauf darauf, dass kein Zucker zugesetzt ist, denn auch hier ist öfters welcher enthalten, um den Früchten mehr Süße zu verleihen. Aber keine Sorge: Die gefrorenen Früchte ohne Zucker sind meistens ohnehin schon ausreichend süß. Du kannst aber, falls sie dir noch nicht süß genug sind, selber entscheiden, welche Zuckeralternative du nach Belieben noch hinzufügen möchtest.

GEWÜRZE

Sie sind in einer zuckerfreien Küche besonders wichtig, da sie euren Speisen das gewisse Etwas verleihen. Hier hat sich vor allem die geräucherte Paprika, dank ihres kräftig-würzigen Geschmacks, zu einem unserer Lieblingsgewürze entwickelt. Aber auch Ras el Hanout, Kräuter der Provence, italienische Kräuter, Zimt, Vanille und Co. sind ständige Begleiter in unseren Rezepten.

HEFEFLOCKEN

Bei unseren Rezepten verwenden wir keine Kuhmilchprodukte und daher auch keine Käsesorten auf Kuhmilchbasis. Damit allerdings nicht das Gefühl des Verzichts aufkommt, verwenden wir stattdessen gerne Hefeflocken. Damit kannst du dir einen leckeren würzig-nussigen Geschmack kreieren, der an Käse erinnert. Du findest Hefeflocken im Bio-Supermarkt, bestimmten Drogerien oder auch online. Wichtig ist dabei, dass du auf eine gute Qualität achtest und kein Zucker beigemischt ist.

ZUCKERFREIE SCHOKOLADE

Hier solltest du beim Einkauf darauf achten, dass sie nicht noch andere versteckte Süßstoffe wie Dextrose, Invertzucker und Co. enthält. Wir mögen die mit Kokosblütenzucker gesüßte und hohem Kakaoanteil (ca. 70 %–80 %) am liebsten. Falls du eine Schokolade zum Schmelzen kaufen möchtest, solltest du ebenso darauf achten, dass die Schokolade keinen Reisgrieß oder andickende Pulver enthält, weil diese Schokoladen nicht richtig flüssig werden.

TROCKENFRÜCHTE

Trockenfrüchte enthalten von Natur aus Fructose. Ihre Süße ist jedoch natürlich und bringt somit verschiedene Vitamine, Mineralstoffe und Ballaststoffe mit sich. Hier solltest du beim Kauf am besten die ungeschwefelten Produkte in Bio-Qualität wählen. Unser persönlicher Favorit ist die sog. Königsdattel, also die Medjool-Dattel. Diese ist besonders saftig und weist ein karamellig-schokoladiges Aroma auf.

POWERFOODS

Das sind Lebensmittel, die eine hohe Nährstoffdichte aufweisen, wie z. B. Heidelbeeren, die besonders reich an Antioxidantien sind, oder Leinsamen, die viele gesunde Fettsäuren enthalten, aber auch Spinat, der reich an Chlorophyll ist, sowie Kürbiskerne, die mit viel Zink punkten – die Bandbreite an regionalen und exotischen Powerfoods ist lang. Greif auch hier bevorzugt zu regionaler Bio-Qualität. Die Powerfoods kannst du super zum Toppen deiner Bowls, Salate oder Snacks verwenden.

FRISCHE KRÄUTER

Petersilie, Koriander, Rosmarin, Basilikum, Salbei und Co. – all diese natürlichen Aromabomben enthalten zusätzliche, wertvolle Nährstoffe. ie punkten mit Mineralstoffen, sekundären Pflanzenstoffen und können außerdem den Körper bei der Entgiftung unterstützen. Wer seine Kräuter vor dem Verfall nicht gänzlich aufbraucht, kann diese entweder einfach einfrieren, ein leckeres Pesto daraus machen oder eine leckere Salsa zaubern.

ZUCKERFREIES KAKAOPULVER

Natürlicher Kakao ist selbstverständlich ungesüßt. Und ganz getreu unserem Motto „je weniger Zutaten, desto besser" benutzen wir reines Kakaopulver am liebsten für unsere Rezepte. Auch hier solltest du auf eine entsprechende Qualität achten, die du in Bio-Märkten, gut sortierten Supermärkten, aber auch online findest.

PFLANZENDRINKS

Unsere liebste Milchalternative bei Cappuccino ist: der Haferdrink. Tatsächlich empfinden wir diese pflanzliche Alternative sogar als den Allrounder schlechthin in einer kuhmilchfreien Küche. Die süßeste Variante hingegen ist der Reisdrink. In Kombination als Kokos-Reis-Drink verleiht er Speisen eine sommerliche Note. Wohingegen ungesüßte Sojadrinks und Mandeldrinks sehr gewöhnungsbedürftig schmecken, sich aber auch hervorragend für Saucen und Süßspeisen eignen. Mittlerweile gibt es eine riesige Bandbreite an Pflanzen- und Nussdrinks.

NUSS-, SAATEN- UND KERNMUSE

Sowohl in salzigen als auch süßen Speisen stellen sie ein cremiges Highlight dar! Die Variationen reichen mittlerweile von jeglichen Nusssorten, über Saaten- und Kernmuse wie Sesam-, Sonnenblumenkern-, Kürbiskernmus bis hin zu Hanfsamenmus. Wer ein geeignetes Küchengerät besitzt, kann sogar sein eigenes Mus herstellen. Unsere ungeschlagenen Favoriten sind Mandelmus (sowohl weiß als auch braun), Cashewmus sowie Tahin (Sesammus) und Sonnenblumenkernmus.

PFLANZLICHE ÖLE

Pflanzenöle sind fester Bestandteil unserer Küche. Hierbei ist Qualität, Aufbewahrung und die Verwendung sehr wichtig, damit sich die Öle auch positiv auf unsere Gesundheit auswirken können. Am besten das Öl immer in einer dunklen Glasflasche kaufen und vor Lichteinfall schützen. So bleibt Qualität, Geschmack und Nährstoffgehalt konstant. Während kaltgepresste Öle, wie z.B. Kürbiskernöl, Traubenkernöl oder Leinöl nicht erhitzt werden dürfen, können raffinierte Öle wie Rapsöl, Kokosöl und auch Olivenöl zum Braten verwendet werden. Kaltgepresstes Olivenöl sollte hingegen nicht über den Rauchpunkt erhitzt werden (130–180 °C), da sonst krebserregende Stoffe entstehen.

GEMAHLENE TONKABOHNE

Sie ist unsere (nicht mehr so) geheime Zutat für Süßspeisen und schmeckt wie eine Mischung aus Vanille, Karamell, Mandeln und Marzipan, die jedem Kuchen eine unfassbar leckere Note verleiht. Hier ist aber Vorsicht geboten, denn Tonkabohne kann wie Muskat auch toxisch wirken. Daher sollte man damit sparsam umgehen und nicht zu viel davon verwenden.

BIO-ZITRONEN

Ob ein frisches Zitronenwasser am Morgen oder der angenehm-saure Geschmack in Saucen, Dressings und Gerichten. Es schadet einfach nie, ein paar von diesen begehrten Zitrusfrüchte daheim zu haben. Die Schale der Zitrone enthält übrigens auch gesunde ätherische Öle. Sie eignet sich hervorragend als Aromazugabe bei Süßspeisen. Da Zitrusfrüchte jedoch sehr anfällig für Schädlinge sind, werden sie im konventionellen Anbau mit einer Vielzahl von Pestiziden behandelt. Daher greifen wir bei diesen besonders gerne zu einer biologisch angebauten Variante, die keine Pestizide enthält.

DRESSINGS

Als Basis unserer Dressings verwenden wir gerne biologisch angebauten, naturtrüben Apfelessig mit Essigmutter (die Stücke, die sich am unteren Rand der Flasche absetzen). Apfelessig kann nach einer kohlenhydratreichen Mahlzeit unseren Blutzuckerspiegel um bis zu 34 Prozent verbessern. Auf diese Weise kann das Insulin besser wirken und unsere Zellen den Zucker besser verwerten. Als Pendant wird ein Öl von guter Qualität benötigt. Wir greifen hier zu den unterschiedlichsten Pflanzen-, Saaten- und Nussölen.

ZITRONEN-APFEL-ESSIG-VINAIGRETTE

Ein absoluter Klassiker. Er unterstützt unseren Säure-Basen-Haushalt und schmeckt wunderbar frisch.

Zutaten (für ca. 100 ml Dressing)

½ Zitrone | 2 EL Olivenöl | 3 EL Apfelessig | 1 TL Akazienhonig | Salz | frisch gemahlener Pfeffer

Zubereitung

Die Zitrone auspressen und den Saft mit allen anderen Zutaten sowie 1 EL Wasser verquirlen.

ALPEN-DRESSING

Dieses Dressing erinnert an eine herrliche Berglandschaft und funktioniert wahnsinnig gut in einem Salat mit Feldsalat und Radieschen.

Zutaten (für ca. 100 ml Dressing)

2 EL Kürbiskernöl | 3 EL Rotweinessig | 1 TL Waldhonig | 1 EL Kürbiskerne
Salz | frisch gemahlener Pfeffer

Zubereitung

Alle Zutaten sowie 1 EL Wasser miteinander verquirlen.

HONIG-SENF-DRESSING

Ein amerikanischer Klassiker, den man immer im Kopf haben sollte. Passt zu nahezu jedem Salat.

Zutaten (für ca. 100 ml Dressing)

3 EL Apfelessig | 1 EL Rapsöl | 1 EL Blütenhonig | 1 TL mittelscharfer Senf
Salz | frisch gemahlener Pfeffer

Zubereitung

Alle Zutaten sowie 1 EL Wasser miteinander verquirlen.

DAS NEUE CAESAR-DRESSING

Ein absoluter Klassiker, der im Supermarkt viel Zucker enthält. Warum nicht einfach selber machen und dabei auch eine vegane Alternative kennenlernen?

Zutaten (für ca. 250–300 ml Dressing)

150 ml Rapsöl | 50 ml ungesüßter Haferdrink | 50 ml Apfelessig | 2 EL Hefeflocken
1 TL mittelscharfer Senf | 1 EL Kapern | Salz | frisch gemahlener Pfeffer

Zubereitung

Das Rapsöl in ein hohes Gefäß geben und den Haferdrink dazugießen. Dann den Apfelessig mit ins Gefäß geben und mit einem Stabmixer in langsamen Auf- und Abbewegungen cremig pürieren. Nun Hefeflocken, Senf und Kapern hineingeben, mit etwas Salz und Pfeffer würzen und nochmals kurz pürieren, sodass ein gleichmäßig cremiges Dressing entsteht.

TAHIN-LIMETTEN-DRESSING

Nicht nur ideal für Fattoush oder Tabouleh! Das nussig und leicht saure Dressing zaubert dir einen Hauch Orient in den Salat.

Zutaten (für ca.150–200 ml Dressing)

2 EL Tahin (Sesammus) | 4 EL Apfelessig | 1 Limette | 2 EL Olivenöl | 1 EL Sesamöl
1 TL Blütenhonig | Salz | frisch gemahlener Pfeffer

Zubereitung

Alle Zutaten gründlich miteinander verquirlen.

JOGHURT-KRÄUTER-DRESSING

Eine leicht-säuerliche Note und trotzdem herrlich frisch. Das Joghurt-Dressing ist nicht nur sehr beliebt, es verleiht dem Salat auch eine samtige Frische.

Zutaten (für ca. 150–200 ml Dressing)

¾ Bund frische Petersilie | ¾ Bund frischer Schnittlauch | 100 g ungesüßte Soja-Joghurtalternative
1 EL Cashewmus | 2 EL Olivenöl | 3 EL Apfelessig | 1 TL Honig | Salz | frisch gemahlener Pfeffer

Zubereitung

Die Kräuter gründlich waschen, trocken schütteln und fein hacken. Anschließend mit den übrigen Zutaten verquirlen.

FRÜHSTÜCK

Morgens darf es gerne für viele etwas Süßes sein. Wer denkt, dass man das ohne Zucker nicht hinbekommt, hat weit gefehlt. Von schnellem wärmendem Porridge über internationale Brunch-Klassiker ist für die ganze Familie etwas dabei.

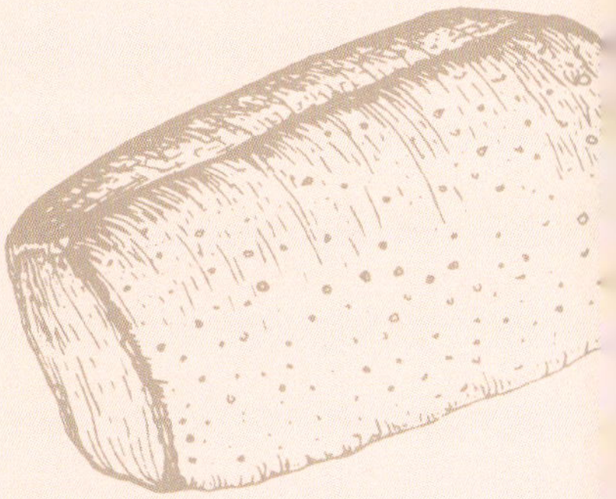

EIER BENEDICT MIT ZITRONEN-SPARGEL

Dieses klassische Frühstücksgericht stammt aus New York und war ursprünglich als Anti-Kater-Frühstück gedacht. Wir haben den Brunch-Klassiker mit Zitronen-Spargel und veganer Mandel-Sauce-Hollandaise neu interpretiert.

Zutaten

Für 2 Personen

FÜR DIE MANDEL-HOLLANDAISE:

150 ml ungesüßter Mandeldrink

1 EL weißes Mandelmus

1 gehäufter EL Hefeflocken

3 EL Mandelcreme Cuisine

½ Zitrone

2 TL mittelscharfer Senf

Salz

frisch gemahlener Pfeffer

1 Msp. gemahlene Muskatnuss

FÜR DEN ZITRONEN-SPARGEL:

2 EL Olivenöl

6 Stangen grüner Spargel

½ Bio-Zitrone

FÜR DIE POCHIERTEN EIER:

Salz

30 ml Weißwein- oder Apfelessig

2 Bio-Eier (Größe M)

AUSSERDEM:

Rapsöl

2 Scheiben Sauerteigbrot

4 Scheiben Wacholderschinken

½ Bund Schnittlauch

Salz

frisch gemahlener Pfeffer

Zubereitung

1. Für die Mandel-Hollandaise den Mandeldrink in einem kleinen Topf aufkochen, dann Mandelmus und Hefeflocken mit einem Schneebesen einrühren. Die Mandelcreme Cuisine hinzugeben und alles aufkochen, bis die Sauce dickflüssig wird. Inzwischen den Saft aus der Zitrone auspressen. Die Hollandaise vom Herd nehmen und mit Zitronensaft, Senf, Salz, etwas frisch gemahlenem Pfeffer und Muskatnuss abschmecken.

2. Für den Zitronen-Spargel das Olivenöl in einer Pfanne erhitzen. Den Spargel waschen, eventuell im unteren Drittel schälen und längs halbieren. Den Saft aus der Zitrone auspressen. Die Spargelhälften nebeneinander mit der Schnittfläche nach unten in die Pfanne legen. Den Zitronensaft darüberträufeln und den Spargel bei mittlerer Hitze ca. 4 Minuten anbraten, sodass er noch bissfest ist. Herausnehmen und beiseitestellen.

3. In einer beschichteten Pfanne etwas Rapsöl erhitzen und die Brotscheiben darin von beiden Seiten kurz anrösten. Herausnehmen und beiseitestellen. Die Pfanne kurz abkühlen lassen, auswischen und den Wacholderschinken ohne Öl beidseitig kurz anbraten.

4. Für die pochierten Eier in einem Topf Salzwasser zum Kochen bringen. Dann den Essig hineingeben, die Eier in das heiße Wasser hineinschlagen und 4–5 Minuten garen lassen, dann mit einer Schöpfkelle aus dem Wasser heben.

5. Die Brotscheiben auf zwei Tellern anrichten und mit Wacholderschinken und grünem Zitronen-Spargel belegen, dann das pochierte Ei daraufsetzen und mit der Mandel-Hollandaise beträufeln. Den Schnittlauch waschen, trocken schütteln, in Röllchen schneiden und die Eier-Benedict-Stullen damit bestreuen. Mit etwas Salz und Pfeffer würzen.

TIPP: Wer besonders perfekte pochierte Eier möchte, kann mit einem Löffel einen Strudel im Topf erzeugen und das Ei seitlich in den Topf hineingleiten lassen, sodass sich das Ei um sich selber dreht und möglichst rund bleibt.

HEILENDE FRÜHSTÜCKS-MISO-SUPPE

Du fühlst dich nicht ganz wohl, dein Magen ist flau oder du hast am Abend davor etwas zu viel gegessen oder getrunken? Unsere heilende Miso-Suppe ist ein absoluter Nährstoff-Booster und entlastet nicht nur deinen Magen-Darm-Trakt, sondern wärmt dich auch noch schön von Innen.

Zutaten

Für 2–4 Personen

2 EL getrocknete Wakame-Algen (ca. 10 g) (aus dem Asienladen)

4 Kombu-Algen (aus dem Asienladen)

30 g Bonito-Algenflocken (aus dem Asienladen)

½ Stück Seidentofu (ca. 140 g)

4 EL helle Misopaste (Shiro Miso) oder 2 EL dunkle Misopaste (Hatcho Miso) (aus dem Asienladen)

Zubereitung

1. Die getrockneten Wakame-Algen in einer kleinen Schüssel mit stillem Wasser ca. 10 Minuten quellen lassen.

2. In einen Topf mit 1 l Wasser die Kombu-Algen hineinlegen und aufkochen. Dann etwa 3 Minuten köcheln lassen und danach die Kombu-Algen herausnehmen. Die Bonito-Algenflocken hineingeben und weitere 10 Minuten bei mittlerer Hitze köcheln lassen, anschließend mit einer Schöpfkelle herausnehmen – jetzt hast du eine japanische Dashi-Brühe, die du ebenso als Fond oder Brühe abgießen, im Kühlschrank aufbewahren oder einfrieren kannst.

3. Den Seidentofu abtropfen lassen und in kleine Würfel schneiden. Die Tofuwürfel sowie Wakame-Algen in die Brühe geben und ca. 3 Minuten köcheln lassen.

4. Die Brühe nun vom Herd nehmen und die Misopaste einrühren (nicht nochmal erhitzen, das würde die darmfreundlichen Bakterien in der Misopaste zerstören!). Zum Servieren kleine Schüsseln anrichten und die warme Suppe darauf verteilen.

FRENCH TOAST MIT GERÖSTETEN ZIMT-APFELSTÜCKCHEN

Der Tradition nach wird French Toast, dessen Name übrigens nicht aus Frankreich, sondern aus Kanada und den USA stammt, mit altem Brot zubereitet. Wir haben uns aber dazu entschieden, hier unser frisch gebackenes Dinkel-Brioche (siehe Seite 43) zu verwenden. Dieses Gericht macht so richtig was her und schmeckt himmlisch!

Zutaten

Für 2 Personen

FÜR DEN FRENCH TOAST:

2 Eier (Größe M)

1 TL Kokosblütenzucker

2 EL ungesüßter Haferdrink

1 EL Rapsöl

4 Brioche-Scheiben (siehe Seite 43; alternativ Dinkel-Toastbrotscheiben)

FÜR DIE ZIMT-APFELSTÜCKCHEN:

1 Apfel

1 EL Rapsöl

50 ml Apfelsaft

1 TL gemahlener Zimt

½ Vanilleschote

1 EL Ahornsirup

AUSSERDEM:

4 EL Ahornsirup

2 EL ungesüßtes Haselnussmus

Zubereitung

1. In einem tiefen Teller Eier, Kokosblütenzucker und Haferdrink miteinander verquirlen und dann die Mischung auf zwei Teller verteilen.

2. Für die Zimt-Apfelstückchen den Apfel waschen, vierteln, das Kerngehäuse entfernen und in kleine Würfel schneiden. In einer Pfanne das Öl heiß erhitzen und die Apfelstückchen darin kurz anrösten. Dann Apfelsaft, Zimt, Vanilleschote und Ahornsirup hinzugeben und alles 3–4 Minuten köcheln lassen.

3. Währenddessen für den French Toast eine weitere Pfanne mit Rapsöl erhitzen. Anschließend die Brioche-Scheiben von beiden Seiten gleichzeitig in beiden Tellern erst in die Ei-Zucker-Haferdrink-Mischung tunken, dann in die heiße Pfanne geben und auf beiden Seiten goldbraun anrösten.

4. Je zwei Scheiben French Toast auf einem Teller anrichten, die Apfelstückchen darüber verteilen und mit Ahornsirup und Haselnussmus verfeinern.

TIPP: Wer trotzdem für dieses Rezept altes Brot verwenden möchte, kann das natürlich ebenso machen, weicht es aber dafür vorher etwas länger ein.

ZUCCHINI-WILDKRÄUTER-WAFFELN

Ein weiterer Frühstücks-Klassiker, bei dem wir uns dachten: Warum nicht eine Variante ganz ohne Mehl, sozusagen glutenfrei und „low carb"? Die verwendeten Wildkräuter, die du am besten auf einem Markt kaufst oder bei einer Wildkräuterwanderung pflückst, enthalten eine Vielzahl an Vital- und Bitterstoffen, die unsere Gesundheit und Verdauung unterstützen können.

Zutaten

Für 3–4 Waffeln

1 Schalotte

1 mittelgroße Zucchini

Salz

150 g Mandelmehl oder gemahlene Mandeln

3 Eier (Größe M)

1 EL Hefeflocken

1 TL getrocknete Tomatenflocken (nach Belieben)

1 Handvoll frische Wildkräuter (z.B. Schafgarbe, Sauerklee, Taubnessel, Amaranth)

Rapsöl

AUSSERDEM:

Waffeleisen

weißes Mandelmus (nach Belieben)

Zubereitung

1. Die Schalotte schälen und fein hacken. Die Zucchini putzen, waschen, fein raspeln, in ein Sieb geben, etwas Salz darüberstreuen und ein wenig ziehen lassen. Anschließend mit einer Suppenkelle kräftig auf die Zucchini- und Schalottenraspel drücken, sodass das überschüssige Flüßigkeit entfernt wird.

2. Währenddessen in einer großen Schüssel Mandelmehl, Eier, Hefeflocken, Salz und nach Belieben Tomatenflocken vermengen. Die Hälfte der Wildkräuter verlesen, waschen, trocken schütteln und fein hacken. Die gehackten Kräuter mit der geraspelten Zucchini und Schalotte unter den Teig heben und gründlich vermengen.

3. Etwas Rapsöl in ein Waffeleisen träufeln. 2–3 EL Teig in das heiße Waffeleisen geben und (je nach Gerät) 3–4 Minuten goldbraun backen. Auf einem umgedrehten Ofengitter die fertigen Waffeln kurz abkühlen lassen.

4. Die Waffeln mit der zweiten Hälfte der Wildkräuter garnieren, nach Belieben mit ein wenig weißem Mandelmus beträufeln und sofort servieren.

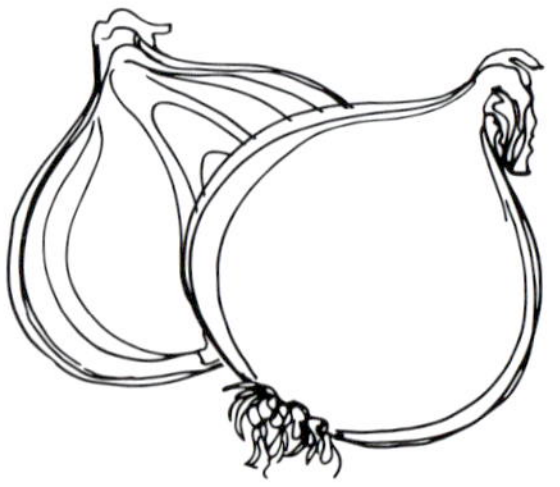

Die Bandbreite an Granolas ist riesig und wir lieben es hier herumzuexperimentieren – mal knusprig, mal saftig, aber Hauptsache lecker. Ob crunchy oder vegan, weihnachtlich oder exotisch – hier ist für jeden Granola-Fan etwas dabei!

MASALA-CHAI-GRANOLA
TAHIN-APRIKOSEN-GRANOLA

DATTEL-TONKA-GRANOLA

Zutaten

Für 4 Personen

150 g Datteln (Deglet Nour)

250 g Haferflocken

½ TL gemahlene Tonkabohne

1 Msp. gemahlene Vanille

25 g Chia-Samen

25 g Kakao-Nibs

25 g Sonnenblumenkerne

8 EL Sonnenblumenöl

Zubereitung

1. Die Datteln in heißem Wasser für mindestens 20 Minuten oder am besten über Nacht einweichen.

2. Die Datteln abgießen. Dabei 4 EL der Einweichflüssigkeit zurückbehalten und zusammen mit den Datteln in einem Standmixer oder mithilfe eines Stabmixers pürieren, bis ein feine Paste entstanden ist.

3. Den Backofen auf 180 °C Ober-/Unterhitze (160 °C Umluft) vorheizen und ein Backblech mit Backpapier auslegen.

4. Haferflocken, Tonkabohne, Vanille, Chia-Samen, Kakao-Nibs und Sonnenblumenkerne in eine Rührschüssel geben und vermischen. Das Dattelpüree und das Öl hinzugeben und mit einem Löffel alles gründlich vermengen, sodass eine feuchte Masse entsteht. Die Granolamischung auf dem Backblech gleichmäßig verteilen und im heißen Ofen (Mitte) zunächst für ca. 10 Minuten backen. Dann mit einem Pfannenwender die Stückchen wenden und weitere 2–4 Minuten backen, bis sie rundum knusprig, aber nicht zu dunkel sind.

5. Das fertige Granola aus dem Ofen nehmen, vollständig abkühlen lassen und dann in einem luftdichten Gefäß aufbewahren. Das Granola hält bis zu 2 Wochen.

6. Man kann das Granola auch mit weiteren Nüssen und Trockenfrüchten mischen, sodass man sich ein eigenes Studentenfutter zaubert. Super für unterwegs oder zum Snacken!

APFEL-ZIMT-GRANOLA

Zutaten

Für 4 Personen

50 g getrocknete Feigen (ca. 4 Stück)

50 g Walnusskerne

250 g Haferflocken

1 TL gemahlener Zimt

300 g Apfelmark

4 EL Sonnenblumenöl

Salz

Zubereitung

1. Den Backofen auf 180 °C Ober-/Unterhitze (160 °C Umluft) vorheizen und ein Backblech mit Backpapier auslegen.

2. Die Feigen in kleine Würfel schneiden und die Walnusskerne grob hacken.

3. In einer kleinen Schüssel Haferflocken, Zimt, Feigenwürfel und gehackte Walnusskerne miteinander vermengen. Das Apfelmark, das Öl und etwas Salz hinzugeben und mit einem Löffel gründlich vermischen, sodass eine feuchte Masse entsteht. Die Granolamischung auf dem Backblech gleichmäßig verteilen und im heißen Ofen (Mitte) für ca. 10 Minuten backen, dann mit einem Pfannenwender die Stückchen wenden und weitere 5–8 Minuten backen, bis sie rundum knusprig aber nicht zu dunkel sind. Anschließend die Ofentür etwas öffnen und das Granola erst aus dem Ofen nehmen, sobald es vollständig abgekühlt ist.

4. Das Granola in einem luftdichten Gefäß aufbewahren, so hält es sich bis zu 1 Woche.

MASALA-CHAI-GRANOLA

Zutaten

Für 8 Personen

50 g Kokosöl

150 g Haferflocken

20 g gepuffte Quinoa

15 g Sesam

25 g Kokoschips

25 g getrocknete helle Maulbeeren

25 g getrocknete Aroniabeeren

½ TL abgeriebene Zitronenschale

1–2 TL Masala Chai (z. B. aus dem Reformhaus)

75 g Ahornsirup

Zubereitung

1. Den Backofen auf 180 °C Ober-/Unterhitze (160 °C Umluft) vorheizen und ein Backblech mit Backpapier auslegen.

2. Das Kokosöl in einem kleinen Topf erhitzen und zum schmelzen bringen.

3. In einer Schüssel Haferflocken, Quinoa, Sesam, Kokoschips, Maulbeeren, Aroniabeeren, Zitronenschale und Masala Chai vermischen. Das Kokosöl und den Ahornsirup hinzugeben und alles mit einem Löffel gründlich vermischen, sodass eine feuchte Masse entsteht. Die Granolamischung auf dem Backblech gleichmäßig verteilen und im heißen Ofen (Mitte) für ca. 10 Minuten backen. Dann mit einem Pfannenwender die Stückchen wenden und weitere 2 Minuten backen, sodass sie knusprig aber nicht zu dunkel werden. Anschließend die Ofentür etwas öffnen und das Granola erst aus dem Ofen nehmen, sobald es vollständig abgekühlt ist.

4. Das Granola in einem luftdichten Gefäß aufbewahren, dort hält es sich bis zu 2 Wochen. Man kann es super als Topping verwenden, aber auch mit Joghurt oder einfach so genießen.

TAHIN-APRIKOSEN-GRANOLA

Zutaten

Für 6 Personen

60 g Kokosöl

30 g getrocknete Aprikosen

100 g Haferflocken

20 g gepuffte Quinoa

10 g Chia-Samen

10 g Kokosraspel

60 g Ahornsirup

60 g Tahin (Sesammus)

Zubereitung

1. Den Backofen auf 180 °C Ober-/Unterhitze (160 °C Umluft) vorheizen und ein Backblech mit Backpapier auslegen.

2. Das Kokosöl in einem kleinen Topf erhitzen und zum schmelzen bringen.

3. Die Aprikosen fein würfeln. In einer großen Schüssel Aprikosenwürfel, Haferflocken, Quinoa, Chia-Samen und Kokosraspel vermischen. Dann Kokosöl, Ahornsirup und Tahin hinzugeben. Mit einem Löffel gründlich vermischen, bis eine feuchte Masse entstanden ist.

4. Die Granolamischung mit den Händen zu einer Kugel formen und auf das Backblech legen. Mit den Händen, einem Pfannenwender o. Ä. wie zu einem großen Keks gleichmäßig flach drücken und im heißen Ofen (Mitte) für ca. 10 Minuten backen. Dann mit einem Pfannenwender die Stückchen wenden und weitere 2 Minuten backen, sodass sie rundum knusprig, aber nicht zu dunkel werden. Danach leicht die Ofentür etwas öffnen und das Granola herausnehmen, sobald es vollständig abgekühlt ist.

5. Das Granola in einem luftdichten Gefäß aufbewahren, dort hält es sich bis zu 1 Woche.

„FROZEN"-BOWL

Diese vegane Bowl hatte bei uns schon so viele Namen: Ocean-Bowl, Mermaid-Bowl, Unicorn-Bowl oder Schlumpfeis. Da wir hier gefrorene Bananen empfehlen, um sie besonders cremig zu bekommen, fanden wir den Namen „Frozen" ganz passend. Sie ist besonders lecker als kühler Start an heißen Sommertagen.

Zutaten

Für 2 Personen

2 Bananen (ca. 200–240 g)

1 kleine Dose Kokosmilch (200 ml Füllgewicht)

½ Msp. blaues Spirulina-Pulver

1–2 Msp. gemahlene Tonkabohne

1 EL Zitronensaft

2–3 EL Haferflocken (nach Belieben)

AUSSERDEM:

12 frische Himbeeren

2 EL ungesüßtes Granola (siehe Seite 34–35)

2 TL Blütenpollen

2 TL Chia-Samen

Zubereitung

1. Die Bananen schälen, in Stücke schneiden und für mindestens 4 Stunden in das Gefrierfach legen.

2. Die gefrorenen Bananen mit Kokosmilch, Spirulina-Pulver, Tonkabohne und Zitronensaft in einen Standmixer geben und cremig mixen. Je nachdem, wie dickflüssig man die Bowl haben möchte, können noch ein paar Haferflocken hinzugefügt werden.

3. Die blaue Creme auf zwei Schüsseln verteilen. Die Himbeeren verlesen, waschen und vorsichtig trocken tupfen. Die Bowls jeweils mit 1 EL Granola, 1 TL Blütenpollen, 1 TL Chia-Samen und 6 Himbeeren garnieren.

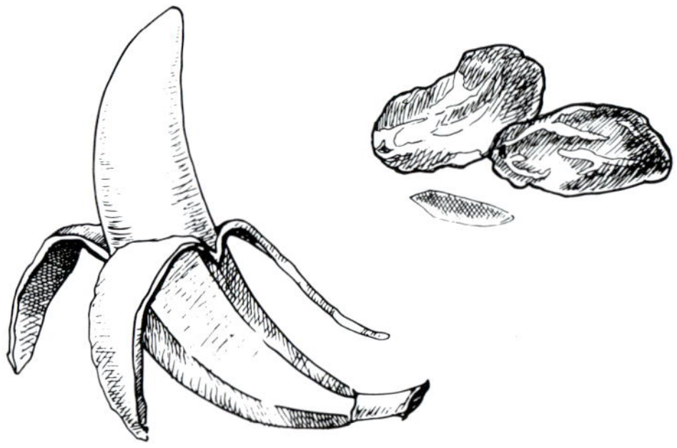

TIPP: Wenn von der Bowl noch etwas übrig bleibt, kann der Rest in Popsicles-Formen gefüllt und eingefroren werden. So hast du schnell und easy eine leckere und zuckerfreie Stieleis-Alternative parat.

FLUFFIGE BANANA-PANCAKES MIT HEIDELBEEREN

Es ist schwer, richtig fluffige Pancakes hinzubekommen, die mit Bananen gesüßt sind.
Mit einem (nicht so geheimen) Geheimtipp gelingt dir das ab sofort auch in der eigenen Küche.

Zutaten

Für 4 Personen

125 g Heidelbeeren

200 g Dinkelmehl

2 TL Backpulver

½ TL gemahlener Zimt

Salz

1 Msp. gemahlene Vanille

2 Eier (Größe M)

3 reife Bananen

150 ml ungesüßter Pflanzendrink (z.B. Haferdrink)

2 TL Apfelessig

Sonnenblumenöl

AUSSERDEM:

Rapsöl

Honig, Ahornsirup oder Dattelsirup

Zubereitung

1. Die Heidelbeeren verlesen, waschen, vorsichtig trocken tupfen und beiseitelegen.

2. In einer großen Schüssel Mehl, Backpulver, Zimt, 1 Prise Salz und Vanille vermischen.

3. Die Eigelbe vom Eiweiß trennen. Das Eiweiß in der Schüssel mit einem Handrührgerät steif schlagen und bis zur Weiterverarbeitung im Kühlschrank aufbewahren.

4. Die Bananen schälen und mit einer Gabel zu Mus zerdrücken. In die Trockenmischung eine Mulde formen und Eigelbe, Bananenmus und Pflanzendrink hineingeben. Anschließend alles mit einem Handrührgerät von innen nach außen verrühren. Den Apfelessig hinzufügen und solange weiterrühren, bis ein gleichmäßiger und klümpchenfreier Teig entstanden ist. Dann mit einem Holzlöffel vorsichtig den Eischnee nach und nach zugeben und von außen nach innen unterheben.

5. In einer Pfanne etwas Rapsöl erhitzen und jeweils eine Schöpfkelle Teig hineingeben, rund verstreichen und 4–5 Blaubeeren darüber verteilen. Die Pancakes bei mittlerer Hitze goldbraun ausbacken. Sobald sich kleine Bläschen bilden, den Pancake wenden und auch die zweite Seite goldbraun backen.

6. Die fertigen Pancakes auf Teller verteilen, mit Honig, Dattelsirup oder Ahornsirup beträufeln und mit den übrigen Heidelbeeren garnieren und servieren.

TIPP: Wenn es schnell gehen muss, einfach zwei Pfannen verwenden und pro Pfanne jeweils drei Pancakes gleichzeitig anbraten.

DINKEL-KOKOSBLÜTENZUCKER-BRIOCHE

DINKEL-SAUERTEIG-BAGELS

DINKEL-SAUERTEIG-BAGELS

Ob klassisch als New-Yorker-Bagel mit Frischkäse und Lachs oder auch vegan mit Hummus und Ofengemüse – dieser Bagel schmeckt einfach immer! Am schönsten ist der Duft, der sich beim Backen der Bagels an einem Sonntagmorgen in der Küche verbreitet.

Zutaten

Für 8–9 Stück

500 g Dinkelmehl (Type 630)
1 Beutel getrockneter Sauerteig
3 EL Kokosblütenzucker
1 gestrichener TL Salz
4 EL Olivenöl
1 Würfel frische Hefe (ca. 42 g)
2 EL weißer Sesam
1 EL grobes Meersalz
1 EL getrocknete weiße und rote Zwiebeln

AUSSERDEM:

2 EL Dattelsirup

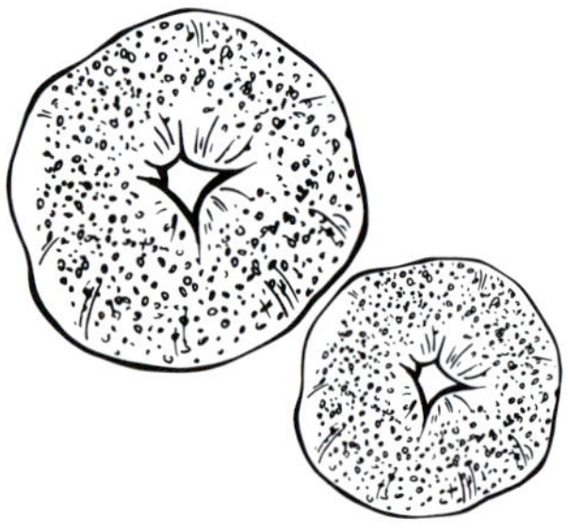

Zubereitung

1. Das Dinkelmehl in eine Schüssel geben und Sauerteigpulver, Kokosblütenzucker, Salz und Olivenöl zugeben. Dann die Hefe hineinbröckeln und 260 ml lauwarmes Wasser hinzufügen. Mit den Knethaken eines Handrührgeräts etwa 5 Minuten zu einem gleichmäßigen Teig kneten. Anschließend die Schüssel mit einem sauberen Baumwolltuch abdecken und an einem warmen Ort ca. 30 Minuten gehen lassen. Als warmer Ort eignet sich der Ofen ohne eine eingestellte Temperatur – lediglich mit der Ofenlampe angeschaltet – am besten.

2. Anschließend den Teig in 8–9 gleich große Teigbällchen formen. Ein Backblech mit Backpapier auslegen. Die Teigbällchen nun in Teigstränge formen und diese an den Enden zusammendrücken und verkneten, sodass die bekannte Bagel-Form entsteht. Diese Teiglinge auf das Blech legen, wieder mit einem sauberen Baumwolltuch abdecken und weitere 25 Minuten gehen lassen.

3. Den Backofen auf 200 °C Ober-/Unterhitze (180 °C Umluft) aufheizen. Einen Topf mit Wasser zum Kochen bringen und 2 EL Dattelsirup hineingeben. Die rohen Bagels nacheinander mit einer Schöpfkelle in das kochende Wasser gleiten lassen und 30–40 Sekunden darin kochen. Dann mit der Schöpfkelle wieder herausnehmen, auf ein mit Backpapier ausgelegtes Ofengitter legen und mit Sesam, Meersalz und den getrockneten Zwiebeln bestreuen.

4. Anschließend die Bagels im heißen Ofen (unten) 15–20 Minuten goldbraun backen. Dann herausnehmen und auf dem Ofengitter etwas abkühlen lassen.

TIPP: In diesem Buch findest du auch verschiedene Aufstriche (ab Seite 127), die super zu den Bagels passen, sowie im Sushi-Rezept (siehe Seite 68) ein Rezept für eine Art veganen „Lachs“, d.h. geräucherte Möhren. Diese schmecken auch wunderbar auf diesen Sauerteig-Bagels.

DINKEL-KOKOSBLÜTENZUCKER-BRIOCHE

Dieses duftende Dinkel-Brioche ist ein herrliches Hefegebäck, das immer an Oma erinnert. Es kann lauwarm zu einer Tasse Cappuccino, mit Marmelade oder Nussmus genossen werden, oder es wird zum knusprigen French Toast (siehe Seite 28) weiterverarbeitet.

Zutaten

Für 1 Brioche in Kastenform

380 g Dinkelmehl (Type 630)

3 EL Kokosblütenzucker

Salz

½ Würfel frische Hefe (ca. 20 g)

150 g Pflanzenmargarine

100 ml ungesüßter Sojadrink, plus 1 EL mehr zum Bestreichen

3 Eier (Größe M)

AUSSERDEM:

Kastenform (32 x 7 x 13 cm)

Zubereitung

1. In einer Schüssel Dinkelmehl, Kokosblütenzucker und 1 Prise Salz vermengen. Die Hefe über die Mischung bröseln.

2. In einem kleinen Topf 50 g Pflanzenmargarine zerlassen. Sie sollte aber nicht zu heiß sein, sonst zerstört sie die Hefe. Den Sojadrink ebenso erwärmen (nicht heiß!) und beides mit in die Schüssel geben. Dann 2 Eier aufschlagen, hinzufügen und alles mit den Knethaken eines Handrührgeräts zu einer homogenen Teigmasse verrühren. Anschließend die restlichen 100 g Margarine nach und nach zugeben. Der Teig sollte etwas weicher als normaler Hefeteig sein. Die fertig geknetete Teigmasse mit einem sauberen Baumwolltuch abdecken. Ca. 2 Stunden im Kühlschrank ruhen lassen.

3. Den Backofen auf 180 °C Ober-/Unterhitze (160 °C Umluft) vorheizen. Den Teig in eine mit Backpapier ausgelegte Kastenform legen. Das übrige Ei und 1 EL Sojadrink anrühren, mit der Hälfte der Mischung die Brioche bestreichen und dann im heißen Ofen (unten) ca. 40 Minuten goldbraun backen. Nach etwa 10 Minuten die zweite Hälfte der Ei-Sojadrink-Mischung auf die Brioche streichen und weitere 15 Minuten backen.

4. Den Ofen nun auf 220 °C (Ober-Unterhitze) erhitzen, die Brioche mit einem Streifen Alufolie abdecken und nochmal 15 Minuten weiterbacken. Anschließend aus dem Ofen nehmen und in der Form etwas abkühlen lassen.

TIPP: Falls du anstelle von Pflanzenmargarine zu einer guten Bio-Butter greifen möchtest, kannst du diese 1:1 ersetzen. Da wir selber auf Kuhmilchprodukte verzichten, haben wir eine vegan deklarierte Pflanzenmargarine verwendet. Diese basiert meistens auf einem Mix aus Pflanzenölen wie Raps-, Sonnenblumenkern- bzw. Kokosöl.

EPI(C) FAST-FOOD

Schon Oma hat gesagt, dass in jede Süßspeise eine Prise Salz gehört und umgekehrt in jedes salzige Gericht eine Prise Zucker, denn das Spiel mit allen sechs Geschmacksrichtungen macht ein Gericht ausgewogener und vielseitiger. Wie wir das geschickt umsetzen, zeigen wir dir mit unseren leckeren Gerichten, inspiriert aus der ganzen Welt. Klassisches Fast Food trifft auf epi(sche) Kreationen!

SÜSSKARTOFFEL-QUICHE

Die französische Quiche gehört zu den Bistro-Klassikern. Wir haben ein leckeres glutenfreies Rezept kreiert, das mal ganz anders ist als die traditionelle Variante. Das hier verwendete Kichererbsenmehl versorgt uns mit wertvollem Eiweiß und Tomaten, Süßkartoffeln und Ziegen-Joghurt können unserem Körper helfen, sein jugendliches Aussehen zu bewahren.

Zutaten

Für 4 Personen

FÜR DEN TEIG:

2 Bio-Eier (Größe M)

150 g Kichererbsenmehl, plus etwas mehr für die Arbeitsfläche

2 EL Olivenöl

Salz

FÜR DIE FÜLLUNG:

1 mittelgroße Süßkartoffel (ca. 200 g)

1 Frühlingszwiebel

8 Kirschtomaten

125 g ungesüßter Ziegen-Joghurt

1 EL Olivenöl

½ TL getrockneter Thymian

Salz

frisch gemahlener Pfeffer

200 g Feta

AUSSERDEM:

Tarteform (Ø 24 cm)

Zubereitung

1. Den Backofen auf 200 °C Ober/-Unterhitze (180 °C Umluft) vorheizen. Die Eier verquirlen und mit Kichererbsenmehl, Olivenöl sowie 1 Prise Salz in eine große Schüssel geben und zu einem gleichmäßigen Teig verkneten. Den Teig auf einem mit Kichererbsenmehl bestäubten Backpapierzuschnitt legen und mit einem Nudelholz dünn und rund ausrollen. Den Backpapierzuschnitt mitsamt dem Teig in eine Tarteform (Ø 24 cm) heben (an den Seiten notfalls etwas Teig wegschneiden, sollte dieser über den Rand lappen) und im heißen Ofen (Mitte) ca. 7 Minuten goldbraun und knusprig backen.

2. Die Süßkartoffel putzen, schälen und auf einer Gemüsereibe fein raspeln. Die Frühlingszwiebel putzen, waschen und in feine Ringe schneiden. Die Kirschtomaten waschen und halbieren. Die Süßkartoffelraspel mit Kirschtomaten, Frühlingszwiebeln, Ziegen-Joghurt, Olivenöl, Thymian sowie etwas Salz und Pfeffer in einer Schüssel gründlich vermischen. Dann den Feta trocken tupfen, fein zerbröseln und unter die Süßkartoffel-Masse heben.

3. Anschließend die Masse auf den Teig in die Tarteform geben, gleichmäßig verteilen und im heißen Ofen (Mitte) ca. 30 Minuten backen, bis sie leicht zu bräunen beginnt. Herausnehmen, etwas abkühlen lassen und noch lauwarm genießen.

FALAFEL-SANDWICH

Mit diesem veganen Rezept kann man direkt in der orientalische Küche abtauchen. Die Gerüche, der Geschmack – einfach himmlisch!

Zutaten

Für 2–4 Personen

FÜR DAS NAAN-BROT:

140 g Dinkelmehl (Type 630), plus 4 EL für die Arbeitsfläche

50 g ungesüßte Soja-Joghurtalternative

1 TL Backpulver – ½ TL Salz

1 EL Sonnenblumenöl, plus 4 TL zum Ausbacken

FÜR DIE FALAFEL:

1 Glas Kichererbsen (240 g Abtropfgewicht)

1 Bio-Zucchini (ca. 200 g) – ½ Zitrone

½ TL gemahlener Kreuzkümmel

1 TL geräuchertes Paprikapulver

Salz – frisch gemahlener Pfeffer

½ rote Zwiebel – 1 Knoblauchzehe

20 g frische Petersilie und Koriandergrün

4 EL Kichererbsenmehl (ca. 70 g)

FÜR DEN HUMMUS:

1 Glas Kichererbsen (240 g Abtropfgewicht)

1 Knoblauchzehe – 2 EL Olivenöl

½ Zitrone – 1 EL Tahin (Sesammus)

½ TL gemahlener Kreuzkümmel

Salz – frisch gemahlener Pfeffer

FÜR DIE TAHIN-SAUCE:

4 EL ungesüßte Soja-Joghurtalternative

2 EL Tahin (Sesammus) – 2 EL Zitronensaft

1 EL gehacktes Koriandergrün oder Minze

Salz – frisch gemahlener Pfeffer

AUSSERDEM:

50 g Blattsalat (z.B. Baby-Spinat)

12 Kirschtomaten – ½ rote Zwiebel

frische Kräuter

Zubereitung

1. Dinkelmehl, Soja-Joghurtalternative, 50 ml Wasser, Backpulver, Salz und Öl in eine Schüssel geben, mit einem Handrührgerät zu einem gleichmäßigen Teig verkneten. Diesen in 4 gleich große Portionen teilen. Arbeitsfläche mit 1 EL Mehl bestreuen und darauf nacheinander die Teigportionen zu flachen Naan-Broten formen. Den Teig immer wieder mit ein wenig Mehl bestäuben und wenden, sodass er nicht auf der Arbeitsfläche kleben bleibt. In einer beschichteten Pfanne je 1 TL Öl erhitzen und die Fladen nacheinander von beiden Seiten 2–3 Minuten goldbraun backen. Auf einen Teller legen und mit einem sauberen Küchentuch bedecken.

2. Den Backofen auf 180 °C (Umluft) vorheizen und ein Blech mit Backpapier auslegen. Kichererbsen abgießen, kalt abbrausen, abtropfen lassen, in eine Schüssel geben und mit einer Gabel grob zerdrücken. Zucchini putzen, waschen, grob raspeln und mit dem Saft der halben Zitrone, Kreuzkümmel, Paprikapulver, 1 TL Salz und 1 Prise Pfeffer mit den Kichererbsen vermengen. Zwiebel und Knoblauch schälen und fein hacken. Kräuter waschen, trocken schütteln, Blättchen abzupfen und fein hacken. Zwiebeln, Knoblauch, Kräuter und Kichererbsenmehl mit der Zucchini-Kichererbsen-Masse gut vermischen. Je 1 EL der Masse zu einer tischtennisballgroßen Kugel formen – insgesamt sollten aus der Masse 12 Falafel-Bällchen hervorgehen – auf das Blech legen und im heißen Ofen (Mitte) 25–30 Minuten goldbraun backen.

3. Für den Hummus die Kichererbsen abgießen, kalt abbrausen und abtropfen lassen. Knoblauch schälen, fein hacken und ca. 1 Minute in einer beschichteten Pfanne mit 1 EL Olivenöl anbraten. Mit dem Saft der halben Zitrone, 1 EL Olivenöl, Tahin, Kreuzkümmel und 100 ml Wasser zu den Kichererbsen geben. Alles im Mixer fein pürieren. Mit Salz und Pfeffer abschmecken, beiseitestellen.

4. Für die Tahin-Sauce alle Zutaten in einer Schüssel gründlich vermengen und mit etwas Salz und Pfeffer abschmecken.

5. Den Salat verlesen, waschen und trocken schleudern. Die Kirschtomaten waschen und halbieren. Zwiebelhälfte in Streifen schneiden. Die Fladen mit je 1 EL Hummus, etwas Blattsalat, 3 Falafeln und 6 Tomatenhälften füllen, 1 EL Sauce darüber geben und mit ein paar Zwiebelstreifen und frischen Kräutern garnieren.

TIPP: Um dir ein wenig die Arbeit zu erleichtern, kannst du auch guten Hummus im Supermarkt kaufen. Allerdings solltest du die Zutatenliste auf versteckten Zucker überprüfen.

BLUMENKOHL IM „CHICKEN WINGS"-STYLE

Einen Eimer voll Chicken Wings? Mit unseren gesunden Blumenkohl-Wings ist das ohne schlechtes Gewissen möglich, denn sie sind nicht nur luftig-leicht, sondern obendrein auch noch exotisch-asiatisch angehaucht.

Zutaten

Für 2–4 Personen

FÜR DIE BLUMENKOHL-WINGS:

½ großer Blumenkohl
150 g Kichererbsenmehl
200 g Dinkel-Semmelbrösel
Salz
frisch gemahlener Pfeffer

FÜR DIE SAUCE:

2 EL Reismehl
1 Bio-Limette
1 EL Reisessig (Mirin)
100 g Dattelsirup
1 TL frisch geriebener Ingwer
3 EL ungesüßte Sojasauce
2 EL ungesüßte Fischsauce
1 TL Liquid Smoke (nach Belieben)
2 Knoblauchzehen

AUSSERDEM:

1 Frühlingszwiebel
2 TL gerösteter Sesam

Zubereitung

1. Den Backofen auf 200 °C Ober-/Unterhitze (180 °C Umluft) vorheizen. Ein Backblech mit Backpapier auslegen. Den Blumenkohl putzen, waschen und in gleich große Röschen teilen.

2. Das Kichererbsenmehl in einer Schüssel mit 100 ml Wasser zu einer gleichmäßigen Masse vermengen. Die Masse sollte eine ähnliche Konsistenz wie Pfannkuchenteig haben. In einer zweiten Schüssel die Semmelbrösel mit etwas Salz und Pfeffer mischen.

3. Die Blumenkohlröschen mit einer Hand erst im Kichererbsenteig und danach mit der zweiten Hand in den Semmelbröseln wenden. Am einfachsten ist es, wenn man das Röschen reinlegt und die Schüssel schwenkt, sodass der Blumenkohl ringsum bedeckt ist. Anschließend die Blumenkohlröschen auf das Backblech legen und im heißen Ofen (unten) 20–25 Minuten goldbraun backen.

4. In der Zwischenzeit für die Sauce das Reismehl mit 4 EL Wasser verquirlen und beiseitestellen. Den Saft aus der Limette auspressen.

5. In einer weiteren Schüssel den Reisessig mit 100 ml Wasser, Dattelsirup, Ingwer, Soja- und Fischsauce, Saft der Limette und Liquid Smoke zugeben. Den Knoblauch schälen und durch eine Knoblauchpresse zu den anderen Zutaten drücken. Das Reismehlwasser mit hineingeben und alles gut verquirlen. Die entstandene Masse in einen kleinen Topf füllen und 8–10 Minuten bei mittlerer Hitze köcheln lassen.

6. Die Frühlingszwiebel putzen, waschen und in feine Ringe schneiden. Die Blumenkohlröschen aus dem Ofen nehmen und in eine große Schüssel geben. Nun die Sauce darüber gießen und die Schüssel gut schwenken, sodass sich die Sauce gleichmäßig auf den Röschen verteilt. Zum Schluss die Frühlingszwiebelringe und den Sesam darüber streuen und servieren.

ASIA-POMMES MIT KNOBLAUCH-MAYO

Pommes aus dem Ofen sind weitaus gesünder als ihre frittierten Geschwister: Während unsere Ofenpommes mit einer geringen Menge an hochwertigem Pflanzenöl auskommen, werden frittierte Pommes oft in einer Menge altem Fett gebadet, und die darin enthaltenen Transfette können unserer Gesundheit schaden. Oft kommt on top noch Ketchup, der eine Menge Zucker enthält.

Zutaten

Für 4 Personen

FÜR DIE POMMES:

1 kg festkochende Kartoffeln

2 EL Speisestärke

2 EL Sesamöl

2 EL Erdnussöl

½ TL Salz

1 TL geräuchertes Paprikapulver

FÜR DIE KNOBLAUCH-MAYO:

100 ml ungesüßter Sojadrink

200 ml Rapsöl

1 EL Apfelessig

½ Limette

1 TL mittelscharfer Senf

Salz

frisch gemahlener Pfeffer

1 Knoblauchzehe

AUSSERDEM:

1 Bund Koriander

1 Limette

Chiliflocken

1 EL gerösteter Sesam

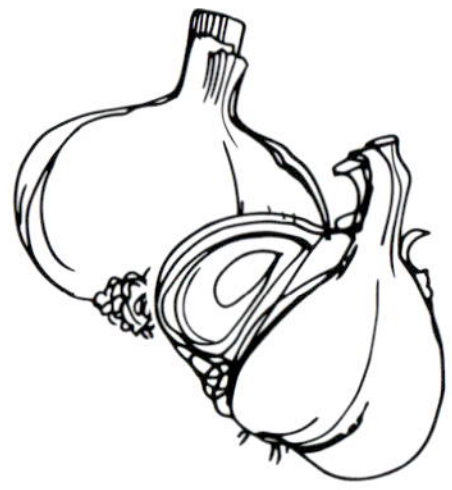

Zubereitung

1. Den Ofen auf 220 °C Ober-/Unterhitze (200 °C Umluft) vorheizen. Ein Backblech mit Backpapier auslegen.

2. Die Kartoffeln putzen, waschen, trocken tupfen und mit der Schale in dünne Pommes-Spalten schneiden. Diese in einer Schüssel mit ausreichend kaltem Wasser ca. 10 Minuten einweichen. Herausnehmen und mit einem sauberen Küchentuch trocken tupfen. Anschließend in eine Schüssel geben, mit der Speisestärke ummanteln und Sesam- sowie Erdnussöl über die Pommes träufeln. Mit Salz und Paprikapulver würzen und gut vermengen, sodass alle Pommes damit gleichmäßig bedeckt sind. Die Pommes auf dem Backblech verteilen und im heißen Ofen (oben) 30–35 Minuten goldbraun backen.

3. Währenddessen für die Mayo den Sojadrink in ein hohes Gefäß geben und das Rapsöl und den Apfelessig hinzufügen. Nun alles mit einem Stabmixer aufmixen, dabei den Stab hoch- und runterziehen. Diesen Vorgang etwa 1–2 Minuten wiederholen, sodass eine dickflüssige Konsistenz entsteht. Den Saft aus der Limette auspressen und diesen mit Senf und etwas Salz und Pfeffer vorsichtig unter die Creme heben. Den Knoblauch schälen und durch eine Knoblauchpresse in die Creme drücken. Alle Zutaten noch einmal vermischen und die Knoblauch-Mayo bis zum Verzehr im Kühlschrank aufbewahren.

4. Den Koriander waschen, trocken schütteln und die Blättchen abzupfen. Den Saft aus der Limette auspressen. Die Pommes auf zwei Tellern anrichten, die Knoblauch-Mayonnaise darüber träufeln und mit den Korianderblättern, ein paar Chiliflocken und dem gerösteten Sesam bestreuen. Zum Schluss den Limettensaft darüber träufeln.

VEGANES MAC'N'CHEESE

Der käsige, amerikanische Fast-Food-Traum geht natürlich auch epi(sch). Das Rezept ist einfach zum Niederknien und einer unserer All-time-Favoriten! Mit dieser Sauce konnten wir schon einigen Besuchern auf einer großen Messe in Düsseldorf ein Lächeln ins Gesicht zaubern, als wir dort für ein Catering gebucht waren.

Zutaten

Für 2–4 Personen

FÜR DIE SAUCE:

3 Kartoffeln (ca. 360 g)
3 Möhren (ca. 250 g)
½ rote Zwiebel
1 Knoblauchzehe
2 EL Olivenöl
200 ml ungesüßter Sojadrink
8 EL Hefeflocken
½ TL geräuchertes Paprikapulver
Salz
frisch gemahlener Pfeffer
1 EL Zitronensaft

AUSSERDEM:

300 g Hörnchen-Nudeln
¼ Bund Schnittlauch

Zubereitung

1. Einen Topf mit ausreichend Wasser zum Kochen bringen. Die Kartoffeln und Möhren putzen, schälen und klein würfeln. Die Kartoffel- und Möhrenwürfel hineingeben und ca. 25 Minuten garen. Dann abgießen, abtropfen lassen und beiseitestellen.

2. In der Zwischenzeit die Zwiebeln und den Knoblauch schälen und in kleine Würfel schneiden. In einem kleinen Topf das Öl erhitzen und die Zwiebeln darin glasig andünsten. Nach 1–2 Minuten den Knoblauch hinzufügen und unter ständigem Rühren 1 Minute anbraten. Dann Kartoffeln, Möhren, Sojadrink, Hefeflocken, Paprikapulver, 1 TL Salz sowie 1 Prise Pfeffer hinzugeben und alles kurz aufkochen. Nach etwa 1–2 Minuten vom Herd ziehen und mit einem Stabmixer zu einer Sauce pürieren. Mit Zitronensaft und nochmal etwas Salz und Pfeffer abschmecken, dann beiseitestellen.

3. Die Nudeln nach Packungsanweisung garen. Diese dann unter die fertige Sauce heben und kurz ziehen lassen. Den Schnittlauch waschen, trocken schütteln und in Röllchen schneiden.

4. Das cremige Mac'n'Cheese auf Teller verteilen und mit den Schnittlauchröllchen bestreut servieren. Bon Epi-tit!

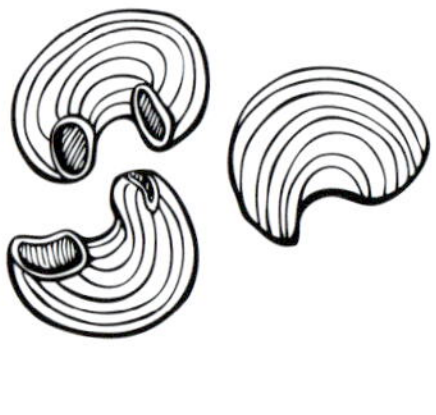

GRÜNES TAMARI-SHAKSHUKA

Dieses Shakshuka ist unser grünes Pendant zum roten Klassiker. Mit Spinat, Zucchini, grüner Paprika und einem extra Asia-Twist ist es einfach nur lecker!

Zutaten

Für 2–4 Personen

FÜR DAS SHAKSHUKA:

1 Zwiebel

2 Knoblauchzehen

1 kleines Stück Bio-Ingwer (ca. 1 cm)

2 grüne Paprika

1 Zucchini

500 g frischer Blattspinat

1 EL Olivenöl, plus etwas mehr für das Finish

4 EL Tamari-Sauce (alternativ ungesüßte Sojasauce)

100 ml Hafercreme Cuisine

1 Msp. gemahlene Muskatnuss

Salz

frisch gemahlener Pfeffer

½ Bund Dill

4 Eier (Größe M)

AUSSERDEM:

4 Scheiben Sauerteig-Brot (nach Belieben)

Zubereitung

1. Die Zwiebel schälen und in dünne Scheiben schneiden. Den Knoblauch schälen und fein hacken. Den Ingwer waschen und fein raspeln. Die Paprika halbieren, putzen, waschen und in schmale Streifen schneiden. Die Zucchini putzen, waschen und in dünne Scheiben schneiden. Den Blattspinat verlesen, waschen und trocken schleudern.

2. In einer beschichteten Pfanne das Öl erhitzen und die Zwiebeln darin glasig andünsten. Den Knoblauch und den Ingwer hinzufügen und bei mittlerer Hitze kurz mitdünsten, bis sich die Aromen entfalten. Die Paprikawürfel und die Zucchinischeiben hinzufügen und 2–3 Minuten mitanbraten. Dann den Blattspinat nach und nach zugeben und unter ständigem Rühren zusammenfallen lassen. Nun die Tamari-Sauce und die Hafercreme Cuisine hinzugeben und gut umrühren. Mit Muskat, Salz und Pfeffer abschmecken und zugedeckt weitere 3 Minuten köcheln lassen.

3. In der Zwischenzeit den Dill waschen, trocken schütteln und mitsamt den Stängeln grob hacken. Die Hälfte des gehackten Dills mit einem Großteil der Stängel unter das Gemüse heben.

4. Mit einem Löffel vier Mulden in der Gemüsemischung drücken, jeweils ein Ei aufschlagen, vorsichtig hineingleiten und zugedeckt bei niedriger Hitze 3–5 Minuten stocken lassen.

5. Das fertige Shakshuka mit dem restlichen gehackten Dill bestreuen und etwas Olivenöl darüber träufeln. Da das Shakshuka bereits in der Pfanne optisch einiges hermacht, servieren wir es ganz gerne genauso auf dem Tisch, sodass sich jeder selbst bedienen kann. Am liebsten essen wir Sauerteigbrot dazu, aber man könnte es auch ohne Beilage genießen oder beispielsweise Reis dazu reichen.

PASTA MIT VEGANER TRÜFFELCREME

Meistens gönnt man sich die beliebten Trüffel-Spaghetti zu besonderen Anlässen, aber dieses Trüffelpasta-Rezept ist 100 Prozent gesund. Und wir finden: Jeder Tag soll ein besonderer Anlass sein, und wenn man mit seinem Lieblingsgericht auch etwas für seine Gesundheit tut, dann erst recht!

Zutaten

Für 4 Personen

2–3 Petersilienwurzeln (ca. 270 g)
2 Knoblauchzehen
1 kleine Zwiebel
1 EL Olivenöl
1 Lorbeerblatt
400 ml ungesüßter Haferdrink
1 Msp. Nelkenpfeffer
1 Msp. gemahlene Muskatnuss
1 EL Zitronensaft
2 EL Trüffelöl
1 TL Salz
frisch gemahlener Pfeffer
2 EL Cashewmus (nach Belieben)

AUSSERDEM:

300 g Dinkel-Spaghetti
¼ Bund Petersilie
4 TL Trüffelscheiben (nach Belieben)

Zubereitung

1. Die Petersilienwurzeln putzen, waschen und grob würfeln. Den Knoblauch und die Zwiebel schälen und klein würfeln.

2. In einem großen Topf das Olivenöl erhitzen und die Zwiebeln darin glasig andünsten. Den Knoblauch und das Lorbeerblatt hinzufügen und 1 weitere Minute mitdünsten. Dann die Petersilienwurzeln hinzufügen und unter ständigem Rühren 1–2 Minuten mitanbraten. Anschließend den Haferdrink angießen und zugedeckt bei niedriger bis mittlerer Hitze ca. 15 Minuten köcheln lassen. Am Ende sollten die Petersilienwurzelstücke weich sein.

3. In der Zwischenzeit die Dinkel-Spaghetti nach Packungsanweisung al dente garen.

4. Nelkenpfeffer, Muskat, Zitronensaft, Trüffelöl, je 1 Prise Salz und Pfeffer in den Topf mit der Petersilienwurzel geben und alles mit einem Stabmixer zu einer sämigen Sauce pürieren. Für ein optimales Ergebnis nochmal mit Salz, Pfeffer, Zitronensaft und nach Belieben etwas Cashewmus abschmecken und erneut pürieren.

5. Die Spaghetti in den Topf mit der noch heißen Trüffelsauce geben und alles vorsichtig vermischen, dann zugedeckt ca. 2 Minuten ziehen lassen.

6. Währenddessen die Petersilie waschen, trocken schütteln, die Blättchen abzupfen und grob hacken. Die Trüffel-Spaghetti auf Teller verteilen und mit etwas gehackter Petersilie bestreut und nach Belieben mit je 1 TL Trüffelscheibe garniert, servieren. Hmmm – das duftet einfach herrlich nach Trüffel!

TIPP: Wenn man die Sauce eindickt, dann kann man daraus auch eine superleckere Suppe als Vorspeise kreieren. Dazu passen unsere gerösteten Kichererbsen von Seite 124–125.

OFEN-SÜSSKARTOFFEL IM MEXICO-STYLE

Unsere Süßkartoffel-Rezepte gehören zu unseren häufigsten nachgekochten Rezepten. Da unser Herz sehr für mexikanische Leckereien schlägt, hier eine entsprechend angehauchte Variante, die obendrein auch noch vegan ist.

Zutaten

Für 2–4 Personen

2–4 Süßkartoffeln

1 rote Zwiebel

2 Knoblauchzehen

1 rote Paprika

1 kleine Dose Mais
(150 g Füllgewicht)

1 kleine Dose ungezuckerte, schwarze Bohnen
(150 g Füllgewicht)

1 EL Olivenöl

1 TL geräuchertes Paprikapulver

½ TL gemahlener Kreuzkümmel

Salz

frisch gemahlener Pfeffer

AUSSERDEM:

1 Avocado

½ Limette

Salz

frisch gemahlener Pfeffer

½ Bund frischer Koriander

1–2 EL Tahin (Sesammus)

Zubereitung

1. Den Backofen auf 220 °C Ober-/Unterhitze (200 °C Umluft) vorheizen und ein Backblech mit Backpapier auslegen.

2. Die Süßkartoffeln putzen, waschen und rundum mit einer Gabel einstechen. Dann auf das Blech legen und im heißen Ofen (Mitte) 30–40 Minuten backen. Sie sind gar, wenn sie sich leicht und ohne Widerstand mit der Gabel einstechen lassen.

3. In der Zwischenzeit die Zwiebel schälen und klein würfeln. Knoblauch schälen und fein hacken. Die Paprika halbieren, putzen, waschen und in kleine Würfel schneiden. Mais und Bohnen abgießen, mit kaltem Wasser abbrausen, abtropfen lassen und beiseitestellen.

4. In einer Pfanne das Öl erhitzen und die Zwiebeln darin glasig andünsten. Den Knoblauch und die Paprikawürfel hinzufügen und bei mittlerer Hitze ca. 2 Minuten unter ständigem Rühren anbraten. Dann Mais, Bohnen, Paprikapulver, Kreuzkümmel, 1 TL Salz und 1 Prise Pfeffer hinzufügen. Alles gründlich mischen und bei mittlerer Hitze ca. 5 Minuten braten. Dabei gelegentlich umrühren. Anschließend nochmal mit den Gewürzen sowie Salz und Pfeffer abschmecken und beiseitestellen.

5. Die Avocado halbieren, den Kern entfernen, das Fruchtfleisch aus der Schale lösen und mit einer Gabel zu Mus zerdrücken. Den Saft aus der Limette auspressen. Die Avocado mit dem Limettensaft beträufeln, mit je 1 Prise Salz und Pfeffer würzen und alles vermischen. Nach Bedarf nochmal abschmecken. Den Koriander waschen, trocken schütteln, die Blättchen abzupfen und grob hacken.

6. Die fertig gegarten Süßkartoffeln längs halbieren und das Innere mit einer Gabel etwas zerdrücken. Dann die Mais-Bohnen-Mischung über die Süßkartoffelhälften verteilen, mit der Avocadocreme beträufeln und mit Koriander und etwas Tahin garnieren. Aufgepasst – hier besteht Suchtgefahr!

TIPP: Die gebackenen Süßkartoffeln können nach Belieben auch mit anderen Zutaten (z. B. Pulled Lachs oder Falafel mit Hummus) getoppt werden. Perfekt für eine Verwertung von Resten!

GEMÜSE-TAJINE MIT APRIKOSEN & TOMATEN-COUSCOUS

Der marokkanische Schmortopf erinnert an 1001 Nacht und entführt uns geschmacklich in die orientalischen Souks. Das wunderbare an diesem Tontopf ist, dass sich die Feuchtigkeit in der Spitze sammelt und wieder in den Topf zurückfließt, sodass der Eintopf nicht so schnell anbrennt, und man bei geringer bis mittlerer Hitze aromatisch und schonend schmoren kann.

Zutaten

Für 4 Personen

FÜR DIE GEMÜSE-TAJINE:

1 rote Zwiebel – 1 Knoblauchzehe

2 EL Sesamöl

1 mittelgroße Süßkartoffel

1 mittelgroße Aubergine

1 kleine Pastinake

2 EL Tomatenmark

1 Dose stückige Tomaten (400 g Füllgewicht)

150 g getrocknete Aprikosen

300 ml Gemüsebrühe

50 ml Weißwein

1 EL Kokosblütenzucker

3 TL Ras el Hanout – Salz

FÜR DEN TOMATEN-COUSCOUS:

300 g Couscous (aus Mais und Reis oder Dinkel)

1 Würfel ungesüßte Gemüsebrühe

2 Romatomaten

2 Schalotten

1 EL Tomatenmark

2 EL Olivenöl

1 TL Kokosblütenzucker

AUSSERDEM:

Tajine

1 Bund Koriander

½ Granatapfel

Tahin (Sesammus)

Zubereitung

1. Zwiebel und Knoblauch schälen und fein hacken. Das Sesamöl in einer Tajine erhitzen und die Zwiebel und den Knoblauch darin glasig andünsten.

2. Süßkartoffel, Aubergine und Pastinake putzen und waschen. Die Süßkartoffel und die Pastinake schälen und mit der Aubergine in Würfel schneiden. Die Gemüsewürfel mit dem Tomatenmark in die Tajine geben und bei mittlerer Hitze 4–5 Minuten anbraten. Dann die stückigen Tomaten zugeben und mitköcheln lassen. Die getrockneten Aprikosen klein schneiden und hinzufügen. Gemüsebrühe, Weißwein, Kokosblütenzucker, Ras el Hanout und etwas Salz in die Tajine geben, gut vermengen und zugedeckt bei geringer bis mittlerer Hitze 35–40 Minuten köcheln lassen. Immer mal wieder durchrühren, damit nichts anbrennt. Sollte zu viel Flüssigkeit verdampfen, einfach noch etwas Wasser zugeben. Den Deckel nach 35–40 Minuten Garzeit abnehmen und alles ca. 5 Minuten einköcheln lassen, sodass der Eintopf noch etwas cremiger wird.

3. In der Zwischenzeit den Couscous vorbereiten und diesen in eine hitzebeständige Schüssel geben. 400 ml Wasser aufkochen und den Gemüsebrühwürfel darin auflösen. Dann die Gemüsebrühe über den Couscous gießen, die Schüssel mit einem sauberen Küchentuch abdecken und ca. 10 Minuten quellen lassen. Tomaten waschen und klein schneiden. Die Schalotten schälen und in feine Ringe schneiden. In einer Pfanne das Öl erhitzen und Tomatenmark, Schalottenringe und Tomatenstücke hinzugeben. Den Kokosblütenzucker darüber verteilen, darauf den Couscous geben und flach drücken. Nicht verrühren, sondern die Hitze reduzieren und den Zucker auf niedriger Stufe ca. 5 Minuten karamellisieren lassen. Den Couscous mit einem großen flachen Teller stürzen..

4. Den Koriander waschen, trocken schütteln und samt den Stängeln grob hacken. Die Kerne aus dem Granatapfel herauslösen. Dann den Eintopf mit dem Couscous auf Tellern anrichten und mit den Granatapfelkernen, dem Koriander und etwas Tahin garnieren.

SWEET-THAI-TEMPEH MIT BLUMENKOHLREIS

Die asiatische Küche spielt für uns eine wichtige Rolle, da man hier mit nährstoffreichen Lebensmitteln regelrechte Geschmacksexplosionen kreieren kann. Bei diesem Rezept gibt es nämlich statt klassischem Reis einen Low-Carb-Blumenkohlreis.

Zutaten

Für 4 Personen

FÜR DEN BLUMENKOHLREIS:

1 mittelgroßer Blumenkohl

4 Frühlingszwiebeln

1 kleines Stück Bio-Ingwer (ca. 1 cm)

2 Knoblauchzehen

2–4 EL geröstetes Sesamöl

4 EL ungesüßte Sojasauce

FÜR DEN TEMPEH:

200 g Tempeh

100 g Thai-Basilikum

1 Stängel Minze

2 rote Paprika

4 Knoblauchzehen

1 Stange Zitronengras

½ Mango

1 kleines Stück Bio-Ingwer (ca. 1 cm)

2 EL geröstetes Sesamöl

6 EL ungesüßte Sojasauce

frisch gemahlener Pfeffer

1 EL Honig

Zubereitung

1. Den Blumenkohl putzen, waschen, in Röschen teilen und auf einer Gemüsereibe klein raspeln. Die Frühlingszwiebeln putzen, waschen und in kleine Röllchen schneiden. Den Ingwer waschen und ebenfalls fein raspeln. Den Knoblauch schälen und fein hacken.

2. Den Tempeh in kleine Würfel schneiden. Das Thai-Basilikum und die Minze waschen, trocken schütteln, die Blättchen abzupfen und etwa 1 EL vom Thai-Basilikum für die Garnitur beiseitelegen. Den Rest mit der Minze grob hacken. Die Paprika halbieren, putzen, waschen und in kleine Würfel schneiden. Knoblauch schälen und fein hacken. Das Zitronengras putzen, waschen und in feine Röllchen schneiden. Die Mango schälen, das Fruchtfleisch vom Stein schneiden und klein würfeln. Den Ingwer schälen und fein reiben.

3. Den Backofen auf 80 °C Ober-/Unterhitze (60 °C Umluft) vorheizen. Für den Blumenkohlreis in einer Pfanne das Sesamöl erhitzen und Ingwer, Knoblauch und die Hälfte der Frühlingszwiebeln darin anbraten. Anschließend nach und nach den geraspelten Blumenkohl zugeben und bei mittlerer Hitze unter ständigem Rühren etwa 5 Minuten mit anbraten. Nach Bedarf noch 1–2 EL Sesamöl hinzugeben. Alles mit der Sojasauce ablöschen und noch weitere 2 Minuten braten, bis der Blumenkohlreis eine goldbraune Farbe erhält. Dann den Blumenkohlreis in eine ofenfeste Form geben und im heißen Ofen (Mitte) bis zum Servieren warm halten.

4. Die Pfanne mit einem Küchenpapier auswischen und für den Tempeh 1 EL Sesamöl erhitzen. Tempeh, Knoblauch, Zitronengras und Ingwer hinzufügen und darin 2–3 Minuten goldbraun anbraten. Die Paprika zugeben und kurz mitanbraten. Alles mit 3 EL Sojasauce ablöschen und bei niedriger Hitze zugedeckt ca. 4 Minuten dünsten. Anschließend umrühren, nochmal 3 EL Sojasauce und 1 Prise Pfeffer hinzufügen und weitere 2 Minuten zugedeckt dünsten. Die Pfanne von der heißen Platte nehmen und mit Honig, Thai-Basilikum und Minze mischen. Blumenkohlreis aus dem Ofen nehmen und je 4 EL davon auf Tellern verteilen. Mit Tempeh, Mangowürfeln und dem übrigen Basilikum garnieren.

TIPP: Der Unterschied zwischen Tempeh und Tofu ist der, dass Tempeh aus fermentierten Sojabohnen hergestellt und Tofu aus geronnener Sojamilch gewonnen wird. Dadurch ergeben sich zwei vollkommen unterschiedliche Geschmackserlebnisse.

SOMMERROLLEN MIT ZITRONENGRAS-TOFU & ERDNUSS-MANGO-SAUCE

Frisch, lecker und gesund: Sommerrollen sind mittlerweile ein absoluter Klassiker der „Healthy-Food"-Küche. Der Grund liegt nahe, denn jeder kann sich diese Rollen füllen, wie er möchte. Unsere Variante hier ist fruchtig-würzig und die Erdnuss-Mango-Sauce dazu sowieso ein absolutes „must eat".

Zutaten

Für 4-6 Personen

FÜR DIE SOMMERROLLEN:

200 g Reisbandnudeln

Salz

1 Möhre

½ Gurke

½ Bund Koriander

1 kleiner Romanasalat

20-25 Stück rundes Reispapier (Ø 22 cm)

100 g geschälte Edamame (alternativ gefrorene Erbsen; diese vorher auftauen)

FÜR DEN ZITRONENGRAS-TOFU:

1 Stängel Zitronengras

200 g Tofu

2 EL Sesamöl

2 EL ungesüßte Fischsauce

1 EL Sesam

FÜR DIE ERDNUSS-MANGO-SAUCE:

200 g Erdnussmus

100 g TK-Mango

10 g frischer Ingwer

1 EL ungesüßte Fischsauce

1 EL ungesüßte Sojasauce

1 Limette

Zubereitung

1. Die Reisbandnudeln nach Packungsanleitung in Salzwasser garen. Dann abgießen und in einem Sieb mit kalten Wasser abschrecken.

2. Für den Tofu das Zitronengras putzen, waschen und längs halbieren. Den Tofu trocken tupfen und in Scheiben schneiden. Sesamöl in einer Pfanne erhitzen und die Tofuscheiben sowie die Zitronengrashälften mit der Schnittseite nach unten neben den Tofu in die Pfanne legen. Tofu von beiden Seiten knusprig anbraten, mit Fischsauce ablöschen und vom Herd nehmen. Den Sesam mit in die Pfanne geben, kurz schwenken, den Zitronengras-Tofu herausnehmen und beiseitestellen.

3. Für die Sauce Erdnussmus, Mangostücke und 80 ml Wasser in ein hohes Gefäß geben. Den Ingwer schälen und zusammen mit der Fischsauce und der Sojasauce hinzufügen. Den Saft aus der Limette auspressen und mit in das Gefäß geben. Alles mit einem Stabmixer cremig pürieren. Sollte die Sauce zu dickflüssig sein, einfach noch etwas Wasser hinzugeben.

4. Die Möhre und die Gurke putzen, waschen, die Möhre schälen und mit der Gurke in Stifte schneiden. Den Koriander waschen, Blättchen abzupfen und beiseitestellen. Den Romanasalat vom Strunk befreien, Blätter verlesen, waschen und trocken schleudern.

5. In einer großen Schüssel mit reichlich warmem Wasser je 1 Blatt Reispapier einweichen (10–20 Sekunden). Dann herausnehmen, auf einen Teller geben und direkt mit je 1 Salatblatt, 1 Handvoll Reisbandnudeln, je 2–3 Möhren- und Gurkenstiften, 1 Tofuscheibe, etwas Koriander sowie Edamame belegen und längs verteilen. Dann links und rechts die Seiten vom Reispapier einschlagen und von unten nach oben fest rollen. Den Vorgang mit Freunden am Tisch teilen oder selbst so lange wiederholen, bis alle Zutaten aufgebraucht sind. Die fertigen Rollen in die Erdnuss-Mango-Sauce dippen und genießen.

NATURREIS-SUSHI MIT MÖHREN-„LACHS“

Sushi – wer liebt es nicht? Doch der zubereitete Reis enthält oft auch Zucker. Außerdem wird weißem Reis nachgesagt, dass er das Risiko von Typ-2-Diabetes begünstigt, wohingegen brauner Vollkornreis positive Effekte auf unseren Stoffwechsel haben soll. Da wir Sushi jeden Tag essen könnten, haben wir eine glutenfreie Vollkorn-Variante kreiert und ihr mit veganem „Lachs“ einen „fancy“ Twist verliehen.

Zutaten

Für 4–6 Personen

FÜR DEN MÖHREN-„LACHS“:

1 EL ungesüßte Gemüsebrühe (Pulver)

4 große Möhren

1 Nori-Blatt (aus dem Asienladen)

1 EL Liquid Smoke, plus etwas mehr zum Abschmecken

2 EL Apfelessig

3 EL Rapsöl

½ EL Rauchsalz, plus etwas mehr zum Abschmecken

frisch gemahlener Pfeffer

FÜR DEN SUSHI-REIS:

500 g Naturreis

6 EL Reisessig

2 TL Salz

8 EL Sonnenblumenkernmus

1–2 TL Honig

AUSSERDEM:

9 Nori-Blätter (aus dem Asienladen)

Reisessig

Sushi-Matte

Tamari-Sauce (alternativ Sojasauce ohne Weizen)

Zubereitung

1. Am Vorabend in einem großen Topf 1 l Wasser mit Gemüsebrühe vermischen und zum Kochen bringen. In der Zwischenzeit Möhren putzen, schälen und mit einem Sparschäler längs in lange Streifen schneiden. Die Möhrenstreifen für 3–5 Minuten in die kochende Gemüsebrühe geben, sodass sie noch einen leichten Biss haben, Am besten regelmäßig probieren. In einen weiteren Topf ein Sieb hängen, die fertigen Möhren abgießen und abtropfen lassen. Dabei 300 ml Gemüsebrühe auffangen und beiseitestellen. Die Möhren kalt abschrecken.

2. Das Nori-Blatt in ein großes, wiederverschließbares Gefäß bröseln. Liquid Smoke, Essig, Öl, Rauchsalz und 1 Prise Pfeffer hinzufügen. Die Möhren und die zurückbehaltene Gemüsebrühe hinzugeben und vorsichtig vermischen. Verschließen und über Nacht ziehen lassen. Am nächsten Tag die Möhren mit etwas Rauchsalz und ein paar Tropfen Liquid Smoke abschmecken. Bis zur Weiterverwendung im Kühlschrank aufbewahren.

3. Den Reis nach Packungsanweisung garen. Sobald dieser fertig ist, noch 50–75 ml Wasser hinzufügen und weitere 5–10 Minuten bei niedriger Hitze quellen lassen. Mit Reisessig, Salz, Sonnenblumenkernmus und Honig marinieren und vollständig abkühlen lassen.

4. Reis, Möhren-„Lachs“, Nori-Blätter sowie eine Schüssel mit kaltem Wasser und 1 Schuss Reisessig bereitstellen. Je 1 Nori-Blatt mit der glatten Seite nach unten auf die Sushimatte legen. Hände im Wasser anfeuchten, 1 Handvoll Reis auf dem Blatt von innen nach außen verteilen. Dabei an einer Längsseite ca. 1 fingerbreit Abstand lassen. Die gegenüberliegende Längsseite mit dem Möhren-„Lachs“ belegen. Jetzt das Blatt, beginnend mit der belegten Seite, mit Hilfe der Bambusmatte vorsichtig einschlagen, den „Lachs“ dabei mit den Fingern fixieren. Durch Anheben der Matte das Blatt vollständig zusammenrollen und dabei immer wieder festdrücken. Die fertige Rolle mit der Verschlussseite nach unten auf einen Teller legen. Diesen Vorgang mit den restlichen Zutaten wiederholen. Die fertigen Rollen mit einem sehr scharfen Messer in jeweils 6 Stücke schneiden und mit Tamari-Sauce servieren.

TIPP: Natürlich kannst du deine Sushi-Rollen auch mit Avocado, Gurke oder Lachs füllen – hier sind deiner Fantasie keine Grenzen gesetzt! Lediglich die Größe des Nori-Blatts begrenzt die Füllmenge.

GERICHTE MIT FISCH & FLEISCH

Hier kommt eine Auswahl unserer liebsten Fisch- & Fleisch-Gerichte. Das allerwichtigste bei diesen Speisen ist die ganzheitlich gute Qualität von Fisch- & Fleisch-Produkten. Nur so ist sowohl der Genuss, als auch die gesundheitliche Wirkung garantiert und auch am größten. Besonders geeignet sind diese Rezepte an Festtagen oder an Tagen an denen es einfach etwas Besonderes sein darf – Bon Epi-tit!

AUBERGINEN-HACK-AUFLAUF

Dieser Auflauf ist eine Super-Fusion aus einer italienischen Lasagne und einer griechischen Moussaka. Obendrein ist es noch ein tolles Familiengericht: Herzhaft und genial lecker!

Zutaten

Für 4 Personen

FÜR DAS SOFFRITTO:

2 mittelgroße Möhren

¼ Knollensellerie

1 mittelgroße rote Zwiebel

4 EL Olivenöl

FÜR DIE BOLOGNESE:

500 g Rinderhackfleisch (alternativ 500 g gekochte Linsen)

300 ml ungesüßter Haferdrink

1 EL Tomatenmark

1 Knoblauchzehe

2 Dosen stückige Tomaten (à 400 g Füllgewicht)

Salz

FÜR DIE AUBERGINEN:

4 große Auberginen

150 ml Olivenöl

Meersalz – frisch gemahlener Pfeffer

FÜR DIE HAFER-BÉCHAMEL:

50 g vegane Butter

40 g Dinkelmehl

400 ml ungesüßter Haferdrink

1 Msp. gemahlene Muskatnuss

Meersalz – frisch gemahlener Pfeffer

AUSSERDEM:

150 g Pecorino Romano (alternativ veganer Pizzakäse)

Auflaufform (26 x 20 cm)

Zubereitung

1. Für das Soffritto die Möhren und den Knollensellerie putzen, schälen und sehr klein würfeln. Die Zwiebel schälen und fein hacken. Eine Pfanne mit dem Öl erhitzen und die Gemüsewürfel darin bei niedriger Hitze ca. 20 Minuten dünsten, sodass sie schön weich sind.

2. In einer zweiten Pfanne das Hackfleisch krümelig anbraten. Mit dem Haferdrink ablöschen und das Tomatenmark in die Pfanne geben. Die Knoblauchzehe schälen, in feine Scheiben schneiden und mit den stückigen Tomaten hinzufügen. Alles ca. 10 Minuten köcheln lassen, sodass die Flüssigkeit ein wenig reduziert. Dann die Hackfleisch-Tomaten-Mischung zu dem Soffritto geben und gut vermengen. Die Bolognesesauce ca. 30 Minuten bei mittlerer Hitze köcheln lassen und mit Salz abschmecken.

3. Die Auberginen putzen, waschen und längs in feine Scheiben schneiden. In einer Pfanne das Olivenöl erhitzen und die Auberginenscheiben darin einzeln scharf anbraten, herausnehmen und auf einem Küchenpapier abtropfen lassen.

4. Den Backofen auf 200 °C Ober/-Unterhitze (180 °C Umluft) vorheizen. Für die Béchamel die Butter in einem kleinen Topf zerlassen. Das Dinkelmehl zugeben und mit einem Schneebesen kräftig verrühren. Dann den Haferdrink hinzufügen, die Hitze reduzieren und mindestens 3 Minuten kontinuierlich weiterrühren, bis sie andickt. Zum Schluss mit Muskatnuss, Meersalz und Pfeffer abschmecken und vom Herd nehmen.

5. In eine ofenfeste Auflaufform zuerst eine Schicht Bolognese, dann die Auberginenscheiben und darüber die Hafer-Béchamel geben. So immer weiterschichten, bis alle Zutaten verbraucht sind. Die letzte Schicht sollte eine dicke Schicht Hafer-Béchamel sein. Den Pecorino hobeln und die Béchamelschicht damit bestreuen. Den Auflauf im heißen Ofen (unten) für ca. 20 Minuten goldbraun backen. Herausnehmen, kurz abkühlen lassen und servieren.

RINDERHACK-MOLE
VEGANE SOUR CREAM

AVOCADOCREME
GARNELEN-GURKEN-FÜLLUNG
RANCH POTATOES

TACO-PARTY MIT MOLE, RANCH POTATOES & VEGANER SOUR CREAM

Der mexikanische Klassiker ist zurecht einer der bekanntesten Street-Food-Klassiker weltweit. Good to know: Während das Wort „Tortilla" die Maisfladen bezeichnet, heißt das fertige Gericht, also der belegte Maisfladen, „Taco".

Zutaten

Für 4–6 Personen

FÜR DIE AVOCADOCREME:

2 Avocados

2 Limetten

1 EL Olivenöl

½ rote Zwiebel

1 Knoblauchzehe

½ Bund Koriander

Salz – frisch gemahlener Pfeffer

FÜR DIE RANCH POTATOES:

3 mittelgroße festkochende Kartoffeln

1 mittelgroße Süßkartoffel

3 EL Rapsöl

1 TL geräuchertes Paprikapulver

½ TL getrockneter Schnittlauch

Salz

1 Knoblauchzehe

Zubereitung

1. Für die Avocadocreme die Avocados halbieren, den Kern entfernen und das Fruchtfleisch mit einem Löffel herauslösen. Den Saft aus den Limetten auspressen. Den Limettensaft mit dem Olivenöl zur Avocado geben und mit einer Gabel zu Mus verarbeiten. Die Zwiebel schälen und fein hacken. Den Knoblauch schälen und zum Avocadomus pressen. Den Koriander waschen, trocken schütteln, Blättchen abzupfen und fein hacken. Alle Zutaten gründlich miteinander vermengen, mit Salz und Pfeffer abschmecken und bis zum Servieren im Kühlschrank aufbewahren.

2. Den Backofen auf 200 °C Ober-/Unterhitze (180 °C Umluft) vorheizen und ein Backblech mit Backpapier auslegen. Für die Ranch Potatoes die Kartoffeln unter fließendem Wasser abbürsten. Die Süßkartoffel putzen, schälen und mit den Kartoffeln in kleine Würfel schneiden. In einer großen Schüssel das Öl mit Paprikapulver, Schnittlauch und 1 TL Salz vermischen. Den Knoblauch schälen und dazupressen. Die Kartoffelwürfel zugeben und die Schüssel gut schwenken, sodass sie gleichmäßig mariniert werden. Auf das Backblech geben und im heißen Ofen (oben) 20–25 Minuten goldbraun backen.

FÜR DIE RINDERHACK-MOLE:

1 Knoblauchzehe

½ rote Zwiebel

3 EL Rapsöl

500 g Rinderhackfleisch

3 EL ungesüßter Haferdrink

1 kleine Dose Kidneybohnen (180 g Füllgewicht)

2 EL Tomatenmark

½ TL getrockneter Thymian

Salz – frisch gemahlener Pfeffer

1 Msp. Chilipulver

1 TL geräuchertes Paprikapulver

50 g ungesüßte Zartbitterschokolade (alternativ mit Kokosblütenzucker)

1 frische Chilischote (nach Belieben)

FÜR DIE GARNELEN-GURKEN-FÜLLUNG:

1 Knoblauchzehe

Rapsöl

250 g TK-Garnelen (aufgetaut)

½ Zitrone

½ Gurke

grobes Meersalz

AUSSERDEM:

vegane Sour Cream (siehe Seite 139)

2 Limetten

1 Bund Koriander

25–30 kleine Maistortillas

3. Für die Rinderhack-Mole den Knoblauch schälen und durch eine Knoblauchpresse drücken. Die Zwiebel schälen und fein hacken. In einer Pfanne das Öl erhitzen. Die Knoblauch und Zwiebelstückchen darin glasig andünsten. Das Rinderhackfleisch zugeben und 5–7 Minuten krümelig anbraten. Mit dem Haferdrink ablöschen und die Kidneybohnen sowie das Tomatenmark hineingeben. Alles gut vermengen und mit Thymian, Salz, Pfeffer, Chili und Paprikapulver abschmecken. Die Schokolade hinzufügen und nochmal alles gut mischen, bis die Schokolade geschmolzen ist. Nach Belieben noch eine frische Chilischote waschen, fein hacken und damit toppen. Die Mole in einer Schale servieren.

4. Für die Garnelen-Gurken-Füllung den Knoblauch schälen und in feine Scheiben schneiden. In einer Pfanne etwas Öl erhitzen und den Knoblauch darin kurz anrösten. Die Garnelen zugeben und 5–7 Minuten scharf anbraten. Den Saft aus der Zitrone auspressen. Die Gurke putzen, waschen, halbieren, mit einem Löffel die Kerne herauskratzen und das Fruchtfleisch klein würfeln. Garnelen, Gurke und Zitronensaft in einer Schüssel gut miteinander vermischen. Mit Meersalz abschmecken und in einer Schüssel servieren.

5. Alle Füllungen sowie Dips in Schalen anrichten. Die Limetten waschen und vierteln. Den Koriander waschen, trocken schütteln und die Blättchen abzupfen. Die Tortillas in einer beschichteten heißen Pfanne ohne Öl kurz erhitzen, bis sie sich wölben. Dann herausnehmen und mit den Dips und Füllungen nach Belieben belegen. Die Tacos mit den Limetten servieren und mit frischem Koriander garnieren.

TIPP: Solltest du eine größere Gruppe zu Besuch haben, kannst du die Tortillas auch im Ofen erhitzen. Dazu einfach einen Stapel Tortilla-Fladen in Backpapier einwickeln, sodass sie nicht austrocknen und für ca. 10 Minuten bei 180 °C Ober-/Unterhitze (160 Grad Umluft) im Backofen erhitzen und anschließend servieren.

In Mexiko werden die Maisfladen übrigens in einen Bastkorb, mit einem Baumwolltuch umwickelt, gelegt. Der Bastkorb bewahrt noch zusätzlich die Wärme.

HÄHNCHEN SÜSS-SAUER MIT NATURREIS

Lecker, einfach und schnell: Der süß-saure Klassiker wird hier in Kombination mit Naturreis zubereitet. Dieser hält nicht nur länger satt, sondern lässt auch unseren Blutzuckerspiegel langsamer in die Höhe steigen als normaler weißer Reis.

Zutaten

Für 2 Personen

FÜR DAS FLEISCH:

2 Hähnchenbrustfilets

Salz

frisch gemahlener Pfeffer

½ TL gemahlener Ingwer

½ TL gemahlener Knoblauch

½ Bio-Zitrone

3 EL Dinkelmehl

2 EL Olivenöl

FÜR DIE SAUCE:

3 EL Honig

2 EL ungesüßte Sojasauce

2 EL Donghu-Shanxi-Essig (aus dem Asienladen)

3 Knoblauchzehen

AUSSERDEM:

200–250 g Naturreis (ca. 1 Tasse Reis)

1 Frühlingszwiebel

1 EL gerösteter Sesam

Zubereitung

1. In einem Topf 1 Tasse Reis mit 1,5 Tassen Wasser aufkochen, danach den Topf mit einem Deckel schließen und ca. 20 Minuten bei mittlerer Temperatur leicht köcheln lassen. Vom Herd nehmen und weitere 15 Minuten zugedeckt garen lassen.

2. Das Hähnchenbrustfilet trocken tupfen, in kleine Stückchen schneiden und in eine Schüssel geben. Mit etwas Salz und Pfeffer sowie Ingwer- und Knoblauchpulver würzen. Die Zitrone heiß waschen, trocken reiben, mit einem Zestenreißer oder einem Sparschäler etwas Zeste abziehen und zum Fleisch geben. Den Saft auspressen und für die Sauce beiseitestellen. Alles mit den Händen gut in das Fleisch einmassieren. Anschließend das Dinkelmehl zugeben und mit der Hand verteilen, sodass alle Hähnchenstücke vollständig bedeckt sind. In einer Pfanne das Öl erhitzen und die Fleischstückchen darin ca. 5 Minuten rundum goldbraun anbraten.

3. In der Zwischenzeit für die Sauce Honig, Zitronensaft, Sojasauce und Essig erst in einer Schüssel verrühren und in die Pfanne über die Hähnchenbrusstückchen geben. Alles zusammen ca. 2 Minuten köcheln lassen. Den Knoblauch schälen, durch eine Knoblauchpresse zum Fleisch drücken und unterheben. Dann weitere 5 Minuten bei mittlerer Hitze köcheln lassen.

4. Die Frühlingszwiebel putzen, waschen und fein hacken. Den Reis auf Tellern anrichten und das Hähnchen samt Sauce darüber verteilen. Mit den gehackten Frühlingszwiebeln und dem Sesam bestreut servieren.

TIPP: Da der Naturreis eine längere Kochzeit benötigt, empfehlen wir, gleich eine größere Menge vorzukochen. Der vorgekochte Naturreis hält sich bis zu 1 Woche im Kühlschrank und kann so jederzeit in einer Pfanne einfach mit 1–2 EL Wasser erhitzt werden.

ASIA-BOWL MIT RINDERFILET & PAK CHOI

Feine Rinderfiletstreifen machen sich herrlich mit frischem Limettensaft, Chili und Ingwer. Unsere Grundlage hierfür bildet eine Schale mit Reisbandnudeln, duftenden Auberginenwürfel und kurz blanchiertem Pak Choi. Das scharfe und frische Gericht schmeckt wunderbar ausgewogen und ist genial für alle Fans der vietnamesischen Küche!

Zutaten

Für 2 Personen

FÜR DIE AUBERGINENWÜRFEL:

1 Aubergine

2 EL Rapsöl

3 EL ungesüßte Fischsauce

2 EL ungesüßte helle Sojasauce

FÜR DIE RINDERFILETSTREIFEN:

200 g Rinderfilet

1 EL Rapsöl

2 Limetten

5 g frischer Ingwer

1 Knoblauchzehe

FÜR DIE BOWL:

250 g Reisbandnudeln

Salz

1 Pak Choi

2 Limetten

½ Zitrone

1 Knoblauchzehe

5 g frischer Ingwer

1 EL ungesüßte Fischsauce

1 Chilischote

AUSSERDEM:

1 Bund Koriander

1 mittelgroßes Holzbrett

Zubereitung

1. Den Backofen auf 200 °C Ober-/Unterhitze (Umluft 180 °C) vorheizen. Die Aubergine putzen, waschen und in kleine Würfel schneiden. In einer Pfanne das Öl erhitzen und die Auberginenwürfel darin ca. 5 Minuten anbraten. Dann mit Soja- und Fischsauce ablöschen und weitere 7–10 Minuten bei mittlerer Hitze braten.

2. Das Rinderfilet trocken tupfen. In einer zweiten Pfanne das Öl stark erhitzen und das Filet am Stück von beiden Seiten ca. 2 Minuten darin scharf anbraten. Das Fleisch aus der Pfanne nehmen, in ein Stück Alufolie wickeln und für ca. 10 Minuten im heißen Ofen (Mitte) garen.

3. In der Zwischenzeit die Reisbandnudeln nach Packungsanleitung 3–5 Minuten in Salzwasser garen. Den Pak Choi putzen, waschen und längs halbieren. In einen mittelgroßen Topf ausreichend Salzwasser zum Kochen bringen und den Pak Choi darin ca. 2 Minuten garen.

4. Die gekochten Reisbandnudeln in eine große Schüssel geben. Den Saft aus den Limetten und der Zitronenhälfte auspressen und über die Nudeln gießen. Den Knoblauch schälen und dazupressen. Den Ingwer schälen, fein reiben und unterheben. Alle Zutaten gründlich miteinander vermischen. Dann die gebratenen Auberginenwürfel hinzufügen und mit etwas Fischsauce abschmecken. Die Chilischote halbieren, putzen, waschen und fein hacken. Davon etwa ein Drittel unter die Reisbandnudeln mischen.

5. Das Rinderfilet aus dem Ofen nehmen. Den Saft aus den Limetten pressen. Den Ingwer schälen und fein reiben. Knoblauch schälen und dazupressen. Limettensaft, Ingwer, Knoblauch und übrige Chili auf ein Holzbrett geben und das Rinderfilet mittig darauf platzieren. Dann das Fleisch in feine Streifen schneiden und die Filetstreifen mehrmals in der Marinade auf dem Holzbrett wenden.

6. Den Koriander waschen, trocken schütteln, die Blättchen abzupfen und grob hacken. Die Reisbandnudeln auf zwei Schüsseln verteilen, jeweils eine Pak-Choi-Hälfte darauflegen und etwas Koriander darauf streuen. Auf dem Holzbrett anrichten, ebenfalls mit Koriander garnieren und frei daran bedienen.

FISH'N'CHIPS

Das inoffizielle Nationalgericht des Vereinigten Königreiches hat bis heute einen festen Bestandteil in der englischen, schottischen und irischen Küche. Wir frittieren unsere Chips allerdings nicht, sondern backen sie. Und der Fisch, mit Bierteig und Kräutern ummantelt, stellt die gesunde aber genauso leckere Schwester zum Original dar.

Zutaten

Für 2–4 Personen

FÜR DEN FISCH:

2 Eier (Größe M)

150 g Dinkelmehl

120 ml dunkles Bier

gemahlene Muskatnuss

Salz

250 g Kabeljau

125 g Lachs

150 ml Rapsöl

FÜR DIE CHIPS:

600 g festkochende Kartoffeln

2 EL Rapsöl

1 EL Speisestärke

1 TL gemischte getrocknete Kräuter (z. B. Thymian, Oregano, Rosmarin)

2 TL geräuchertes Paprikapulver

1 TL grobes Meersalz

Zubereitung

1. Den Backofen auf 220 °C Ober/-Unterhitze (200 °C Umluft) vorheizen. Für den Fisch das Eigelb und das Eiweiß trennen. Das Dinkelmehl mit Bier, Eigelb, 1 Prise Muskatnuss und 1 gestrichenem TL Salz vermengen. In einer zweiten Schüssel das Eiweiß mit einem Schneebesen oder einem Handrührgerät schaumig schlagen. Das Eiweiß unter die Dinkelmehl-Biermischung heben und für ca. 30 Minuten im Kühlschrank quellen lassen.

2. Für die Chips die Kartoffeln putzen, waschen und in dünne Scheiben schneiden oder hobeln. Anschließend die Kartoffelscheiben in einer Schüssel mit ausreichend lauwarmen Wasser kurz einweichen, sodass die Stärke entfernt wird. Dann unter laufendem Wasser nochmals abspülen, mit einem Küchentuch trocken tupfen und wieder in eine Schüssel geben. Mit Öl, Speisestärke, Kräutern, Paprikapulver und Meersalz vermischen. Die marinierten Kartoffelchips im heißen Ofen (Mitte) ca. 25 Minuten goldbraun backen.

3. Den Kabeljau und den Lachs kalt abspülen, trocken tupfen und in ca. 4 cm große Stücke schneiden. In einer Pfanne das Öl erhitzen. Die Fischstückchen im Backteig wenden und portionsweise in die heiße Pfanne geben. Darin mit etwas Abstand zueinander goldbraun frittieren. Die bereits fertig frittierten Stückchen zu den Kartoffeln in den Ofen legen und warm halten.

4. Die Fish'n'Chips nach Belieben mit Ketchup und/oder Remoulade (siehe Seite 138) servieren.

RÄUCHERLACHS-FLAMMKUCHEN

AUBERGINEN-FLAMMKUCHEN

FLAMMKUCHEN-DUO

Ob als Vorspeise, schnelles Mittagessen oder Partysnack – der Flammkuchen ist ein All-Time-Favorit und deshalb gibt es hier gleich zwei Versionen: einmal mit Räucherlachs und Thymian und eine vegane Variante mit Aubergine.

Zutaten

Für 2–4 Personen

FÜR DEN FLAMMKUCHENBODEN:

250 g Dinkelvollkornmehl, plus etwas mehr für die Arbeitsfläche

2 EL Olivenöl

Salz

FÜR DIE CREME:

200 g ungesüßte Soja-Joghurtalternative

1 EL weißes Mandelmus

1 Knoblauchzehe

½ Bio-Zitrone

Salz

frisch gemahlener Pfeffer

FÜR DIE RÄUCHERLACHS-VARIANTE:

200 g Räucherlachs

1 Frühlingszwiebel

½ Bund Zitronenthymian

(alternativ Thymian)

Salz

frisch gemahlener Pfeffer

Zubereitung

1. Für den Teig das Mehl mit Olivenöl, 1 Prise Salz und 100 ml Wasser mit den Händen gut verkneten, sodass eine homogene Masse entsteht. Den Teig fest in Frischhaltefolie wickeln und ca. 10 Minuten im Kühlschrank ruhen lassen.

2. Währenddessen für die Creme die Soja-Joghurtalternative mit dem Mandelmus verrühren. Eine Knoblauchzehe schälen, durch eine Knoblauchpresse drücken und zugeben. Die Zitronenhälfte heiß waschen, trocken reiben, etwas Schale abreiben und den Saft auspressen. Beides unter die Creme heben und mit etwas Salz und Pfeffer abschmecken.

3. Den Teig aus dem Kühlschrank nehmen, auf einer leicht bemehlte Arbeitsfläche mit einem Nudelholz dünn ausrollen und auf ein mit Backpapier ausgelegtes Backblech ziehen. Mit der vorbereiteten Creme bestreichen.

4. Den Backofen auf 220 °C Ober-/Unterhitze (200 °C Umluft) vorheizen.

5. Für die Räucherlachs-Variante den Lachs auf dem bestrichenen Flammkuchen verteilen. Die Frühlingszwiebel putzen, waschen und in feine Ringe schneiden. Den Thymian waschen, trocken schütteln und grob zerzupfen. Die Frühlingszwiebeln und den Thymian gleichmäßig auf dem Flammkuchen verteilen. Mit Salz und Pfeffer würzen und im heißen Ofen (Mitte) 12–14 Minuten backen, bis die Ränder goldbraun sind.

FÜR DIE VEGANE AUBERGINEN-VARIANTE:

½ Aubergine

2 EL Olivenöl

2 Rispen Kirschtomaten (12–16 Stück)

1 Bund Basilikum

1 kleine rote Zwiebel

1–2 EL Pinienkerne

1 TL getrockneter Oregano

6. Für die vegane Auberginen-Variante die Auberginenhälfte putzen, waschen und in dünne Scheiben schneiden. In einer Pfanne das Öl erhitzen und die Auberginenscheiben darin ca. 5 Minuten anbraten. Währenddessen die Tomaten von den Rispen abstreifen, waschen und halbieren. Den Basilikum waschen, trocken schütteln und die Blättchen abzupfen. Die Zwiebel schälen und in feine Ringe schneiden. Auberginenscheiben, Tomaten, Zwiebelringe und Pinienkerne auf dem bestrichenen Flammkuchen gleichmäßig verteilen und mit dem Oregano bestreuen. Den Flammkuchen im heißen Ofen (Mitte) ca. 12 Minuten backen, bis die Ränder goldbraun sind. Zum Schluss den Flammkuchen mit den Basilikumblättern garnieren und servieren.

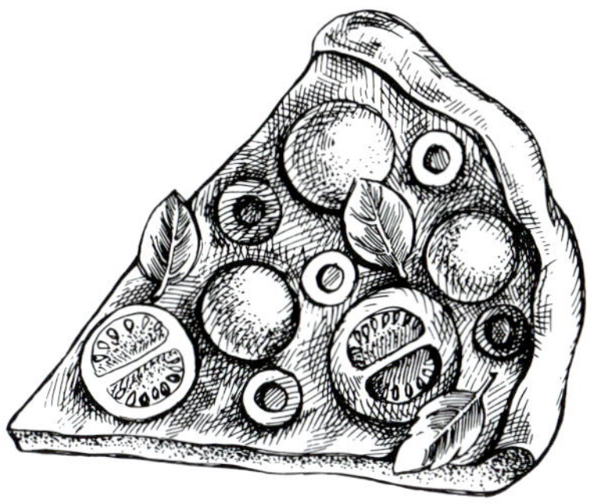

TIPP: Der Flammkuchenteig lässt sich beliebig belegen und daher kannst du natürlich hier deiner Fantasie freien Lauf lassen. Falls du eine Extra-Käseschicht für deinen Flammkuchen möchtest, kannst du entweder ein paar Hefeflocken unter die Creme mischen (so wäre die Creme vegan) oder den Teig mit etwas Ziegenfrischkäse bestreichen (alternativ für eine leichtere Variante etwas Ziegen-Joghurt mit Knoblauch, Zitronensaft, Salz und Pfeffer mischen).

CHILI-„CHEESE"-FRIES

Der Ursprung dieser Köstlichkeit findet sich in Amerika, wo wirklich alle Soulfood-Träume wahr werden. Allerdings enden die amerikanischen und oft kalorienreichen Fast-Food-Trends nicht selten mit einem schlechtem Gewissen. Das geht aber auch einfach, lecker und gesund, wie hier mit unserer Version der sündigen Pommes-Kreation.

Zutaten

Für 4 Personen

FÜR DIE POMMES:

1,2 kg festkochende Kartoffeln

1 EL getrockneter Oregano

3 EL Sonnenblumenöl – Salz

FÜR DAS CHILI:

½ Bund Frühlingszwiebel

2 Knoblauchzehen

10 Kirschtomaten

2–3 kleine scharfe Paprika (z.B. Peperoni, Chili)

1 Glas Kidneybohnen (400 g Füllgewicht)

1 EL Sonnenblumenöl

250 g Rinderhackfleisch (alternativ 250 g gekochte Linsen)

1 EL Tomatenmark

1–2 TL Paprikapulver

400 g passierte Tomaten

¼ TL gemahlener Kreuzkümmel

1 TL Backkakao

1 TL Oregano

Salz – frisch gemahlener Pfeffer

FÜR DIE „CHEESY" SAUCE:

3 EL helles Nuss- oder Kernmus (z.B. Sonnenblumenkernemus)

4 EL Hefeflocken

4 EL ungesüßter Haferdrink (alternativ ungesüßter Sojadrink)

1 TL gemahlene Kurkuma – Salz

Zubereitung

1. Den Backofen auf 180 °C (Umluft) vorheizen und ein Backblech mit Backpapier auslegen. Die Kartoffeln putzen, schälen, in ca. 1 cm dicke Stifte schneiden und in eine Schüssel geben. Mit Oregano, Sonnenblumenöl und 1 TL Salz gründlich vermengen. Die marinierten Kartoffelstifte auf dem Blech verteilen und im heißen Ofen (Mitte) 20–25 Minuten goldbraun backen. Danach herausnehmen und etwas abkühlen lassen.

2. Währenddessen für das Chili die Frühlingszwiebeln putzen, waschen und in feine Röllchen schneiden. Den Knoblauch schälen und fein hacken. Die Tomaten waschen und halbieren. Paprika waschen und in dünne Ringe schneiden. Die Kidneybohnen in ein Sieb geben, abgießen, kalt abbrausen und abtropfen lassen.

3. In einer Pfanne das Öl erhitzen und die Hälfte der Frühlingszwiebeln mit dem Knoblauch ca. 1 Minute anbraten. Dann das Hackfleisch zugeben und ca. 3 Minuten unter ständigem Rühren krümelig anbraten. Tomatenmark, Paprikapulver und die Hälfte der Kirschtomaten hinzufügen und 1 weitere Minuten anbraten. Sobald das Hackfleisch Röstaromen entwickelt, passierte Tomaten, Kreuzkümmel, Backkakao und Oregano hinzugeben und vermischen. Dann die Kidneybohnen unterheben und mit Salz und Pfeffer abschmecken. Alles bei niedriger Hitze ca. 5 Minuten offen köcheln lassen.

4. Für die Sauce Mus, Hefeflocken, 2 EL Haferdrink, Kurkuma und 1 TL Salz in ein hohes Gefäß geben und mit einem Stabmixer cremig pürieren. Dann mit dem restlichen Haferdrink vermischen, sodass die Sauce noch etwas flüssiger wird.

5. Die Pommes auf einer Hälfte des Backblechs anrichten. Dann das Chili und die „Cheesy"-Sauce darüber verteilen. Mit restlichen Frühlingszwiebeln, Tomaten und Paprikaringen garnieren und im heißen Ofen (Mitte) ca. 5 Minuten erwärmen.

6. Die Chili-„Cheese"-Fries aus dem Ofen nehmen und sofort servieren. Und nicht vergessen: „sharing is caring" – also nicht alles alleine aufessen.

CAESAR SALAD

Wir haben uns mal an eine gesunde und zuckerfreie Variante des weltbekannten Klassikers gewagt und mal wiedererkannt, wie vielseitig Salate eigentlich sein können: Cremig, knusprig und herrlich herzhaft – so muss das sein!

Zutaten

Für 2 Personen

FÜR DAS HÄHNCHEN:

1 Zweig frischer Rosmarin

1 Knoblauchzehe

1 EL Zitronensaft

1 EL Olivenöl

1 TL ungesüßter scharfer Senf

250 g Bio-Hähnchenbrustfilet

Salz

FÜR DAS DRESSING:

1 kleine Knoblauchzehe

1 EL Sardinen (in Öl)

1 TL Kapern

100 g ungesüßte Soja-Joghurtalternative

1 EL Mandelmus

1 TL Zitronensaft

1 EL Olivenöl

1 EL Weißweinessig

1 TL Honig

Salz

frisch gemahlener Pfeffer

AUSSERDEM:

50 g Pecorino

2 Herzen Romanasalat

4 Dinkel-Toastbrotscheiben

Olivenöl

Zubereitung

1. Für das Fleisch den Rosmarin waschen, trocken schütteln, die Nadeln abstreifen und fein hacken. Den Knoblauch schälen und fein hacken. Knoblauch, Zitronensaft, Olivenöl und Senf in einer großen Schüssel verrühren. Das Fleisch trocken tupfen, in schmale Streifen schneiden, dazugeben und in der Schüssel vermengen, sodass die Hähnchenstreifen gut mit der Marinade bedeckt sind. Das Fleisch zugedeckt im Kühlschrank aufbewahren.

2. Für das Dressing den Knoblauch schälen und fein hacken. Mit Sardinen, Kapern, Soja-Joghurtalternative, Mandelmus, Zitronensaft, Olivenöl, Essig und Honig in ein hohes Gefäß geben und mit einem Stabmixer cremig pürieren. Mit etwas Salz und Pfeffer abschmecken und ebenfalls zugedeckt kühl stellen.

3. Den Pecorino in feine Scheiben hobeln und ebenfalls in den Kühlschrank stellen. Vom Salat den Strunk entfernen, die Blätter waschen, trocken schleudern und kleiner zupfen. Die Toastscheiben in ca. 2 cm große Würfel schneiden. In einer Pfanne etwas Olivenöl erhitzen und die Toastwürfel darin rundum goldbraun rösten. Die Croûtons auf einen Teller geben und beiseitestellen.

4. Das marinierte Fleisch aus dem Kühlschrank nehmen, nochmal vermengen und mit der Marinade in die noch heiße Pfanne geben. Darin ca. 2 Minuten von einer Seite goldbraun anbraten, dann die Hähnchenbruststreifen wenden und weitere 2–3 Minuten braten. Anschließend das Fleisch in der Pfanne schwenken, 1 Prise Salz hinzufügen und noch etwas braten, bis es gar ist (zur Sicherheit ein Hähnchenbruststreifen in der Mitte durchschneiden und prüfen).

5. Währenddessen den Salat auf Tellern verteilen, das Dressing darüber träufeln und mit dem Pecorino und den Croûtons toppen. Dann die Hähnchenstreifen daraufgeben und sofort servieren.

LACHS-BURGER IM ROTE-BETE-BUN

Oftmals sind saftige Burger Buns voller Zucker und fast nie aus Dinkelmehl erhältlich. Das Tolle an diesen Brötchen hier ist, dass sie sich auch gut einfrieren lassen. Im Ofen kurz erhitzt kann man sie dann nach Bedarf verwenden. Außerdem haben wir eine zuckerfreie Sauce kreiert, die an Urlaub im Norden erinnert

Zutaten

Für 4–6 Personen

FÜR DIE ROTE-BETE-BUNS:

500 g Dinkelmehl (Type 630), plus etwas mehr zum Arbeiten

1 Pck. Trockenhefe (ca. 7 g)

Salz

180–200 ml Rote-Bete-Saft

6 EL Rapsöl

1 EL Ahornsirup

1 Bio-Ei (Größe M)

4 EL ungesüßter Haferdrink

FÜR DIE KRUSTE:

1 EL Olivenöl (für Variante 1)

1 EL Sesam

1 zimmerwarmes Ei (für Variante 3)

1 EL zimmerwarmer ungesüßter Haferdrink (für Variante 3)

FÜR DIE LACHS-PATTIES:

500 g frischen Lachs ohne Haut (alternativ 600 g mit Haut)

1 Knoblauchzehe

1 mittelgroße rote Zwiebel

1 Limette

1 Bio-Ei (Größe M)

1 EL gehackte Petersilie

1 EL gehackter Dill

1 EL Rapsöl

Salz – frisch gemahlener Pfeffer

Zubereitung

1. Den Backofen auf 50 °C (Ober-/Unterhitze) vorheizen. Für die Buns in einer großen Schüssel Mehl, Hefe und 1 TL Salz mischen. Den Rote-Bete-Saft in einem kleinen Topf erhitzen, aber nicht heiß werden lassen.

2. In der Zwischenzeit Rapsöl, Ahornsirup, Ei und Haferdrink verrühren, zur Mehl-Hefe-Mischung geben und gut vermengen. Dann den warmen Rote-Bete-Saft nach und nach hinzugießen (der Teig darf nicht zu klebrig werden). Anschließend den Teig mit einem Handrührgerät solange kneten, bis eine homogene Masse entstanden ist.

3. Währenddessen den Ofen ausschalten, die Ofentür öffnen und die heiße Luft entweichen lassen. Sobald der Teig fertig ist, die Schüssel mit einem sauberen Küchentuch bedecken und in den warmen, aber nicht mehr heißen Ofen (Mitte) schieben. Die Ofentür wieder schließen und den Teig darin ca. 1 Stunde und 10 Minuten gehen lassen. Danach wieder herausnehmen und zwei Backbleche mit Backpapier auslegen.

4. Mit einem Teigspatel jeweils ca. 85 g des Teigs abnehmen, die Hände bemehlen und insgesamt 10 Teiglinge schleifen (siehe Tipp). Die fertigen Teiglinge mit jeweils 3 Fingerbreit Abstand zueinander auf die Backbleche platzieren und zugedeckt wieder in den warmen Ofen stellen. Die Ofentür schließen und nochmal 1 weitere Stunde gehen lassen. Anschließend die Buns aus dem Ofen nehmen und die Hitze auf 160 °C (Ober-/Unterhitze) erhöhen.

5. Wenn man eine pinke, aber matte Kruste möchte, bestreicht man die Brötchen mit Olivenöl (Variante 1) und streut nach Belieben Sesam darüber (Variante 2). Wenn man eine klassische, glänzende Burger-Brötchenkruste erhalten möchte, die allerdings außen etwas an pinker Farbe verliert, einfach Ei, Haferdrink und 1 EL Wasser vermischen und die Brötchen damit bepinseln (Variante 3).

FÜR DIE HONIG-SENF-DILL-SAUCE:

2 TL ungesüßter scharfer Senf

2 EL Tahin (Sesammus)

1 TL Honig

1 EL gehackter Dill

Salz

frisch gemahlener Pfeffer

AUSSERDEM:

40 g Baby-Spinat

2 Tomaten

TIPP: Mit „schleifen" ist die Technik für das „Rundmachen" von Brötchen-Teiglingen gemeint. Dabei wird die hohle Hand über den Teigling gesetzt, wobei die Handinnenfläche auf dem Teigling ruht und der Handballen und die Finger die Arbeitsfläche berühren. Durch kreisende Bewegungen des Handballens mit ausreichend nach unten gerichtetem Druck wird der Teigling zunehmend gestrafft und geglättet. Auf diese Weise wird eine optimale Kruste des Brötchens gebildet.

Auch hier kann man nach Belieben Sesam darüber streuen. Wichtig dabei ist, dass die Zutaten alle zimmerwarm sind, da ansonsten die Gefahr besteht, dass die Buns einfallen. Das Krusten-Finish immer erst kurz vor dem Backen auftragen. Dann nacheinander je ein Blech mit Buns ca. 15 Minuten im heißen Ofen (Mitte) backen. Aus dem Ofen nehmen, kurz abkühlen lassen und bis zur Weiterverwendung mit einem sauberen Baumwolltuch bedecken.

6. Für die Patties den Lachs kalt abspülen, trocken tupfen, klein würfeln und in eine Schüssel geben. Knoblauch und Zwiebel schälen und fein hacken. Den Saft aus der Limette auspressen. Knoblauch, Zwiebel, Limettensaft, Ei, gehackte Petersilie und Dill, Öl und je 1 Prise Salz und Pfeffer zum Lachs geben und alles gründlich miteinander vermengen.

7. Sobald die Buns fertig gebacken sind, die Temperatur im Backofen auf 180 °C (Umluft) einstellen und ein Backblech mit Backpapier auslegen. Aus je 1 gehäuften EL der Lachs-Mischung erst eine Kugel formen und dann auf dem Backblech leicht andrücken, sodass ein Pattie entsteht. Insgesamt so 10 Patties formen und diese mit etwas Abstand zueinander auf dem Blech platzieren. Dann die Patties 15–20 Minuten im heißen Ofen (Mitte) backen. Sie sollten eine festere Konsistenz haben und nicht auseinanderfallen. Herausnehmen und kurz vor dem Servieren mit etwas Salz bestreuen.

8. Für die Sauce Senf, Tahin, Honig und 2 EL Wasser verrühren. Den Dill zugeben und alles mit Salz und Pfeffer abschmecken.

9. Den Spinat verlesen, waschen und trocken schleudern. Die Tomaten waschen und in Scheiben schneiden. Die Buns halbieren und mit den Patties, der Sauce, Spinat und Tomaten auf dem Tisch servieren, sodass sich jeder seinen eigenen Burger ganz nach eigenen Vorlieben zusammenstellen kann. Eine Burger-Party ist dann doch so oft die beste Party!

FISCH AUS DEM OFEN

Dieses Rezept ist ein einfaches Ofenblech-Gericht für die ganze Familie: Ohne viel Abwasch, es sieht toll aus und überrascht mit wundervollen Mittelmeer-Aromen. Hast du Lust auf einen kulinarischen Abstecher in die mediterranen Länder?

Zutaten

Für 2–4 Personen

500 g kleine festkochende Kartoffeln

1 Fenchelknolle

2 Rispen Tomaten

1 Knolle Knoblauch

1 rote Zwiebel

1 Bio-Zitrone

1 Dorade (ca. 1 kg)

100 ml Weißwein

100 ml Olivenöl

½ TL getrockneter Thymian

1 TL grobes Meersalz

4 Zweige Rosmarin

90 g schwarze Oliven (ohne Stein)

90 g Kapernäpfel

Zubereitung

1. Den Backofen auf 220 °C Ober/-Unterhitze (200 °C Umluft) vorheizen und ein Backblech mit Backpapier auslegen.

2. Die Kartoffeln und den Fenchel putzen und waschen. Die Tomatenrispen vorsichtig waschen. Die Kartoffeln halbieren und die Fenchelknolle in ca. 1 cm dicke Scheiben schneiden. Beides mit den Tomatenrispen aufs Blech geben.

3. Von der Knoblauchknolle den oberen Teil abschneiden, sodass die Zehen frei liegen. Die abgetrennten Reste von der Schale entfernen und mit der Knolle aufs Blech geben. Die Zwiebel schälen, in feine Ringe schneiden und ebenfalls aufs Blech legen. Die Zitrone heiß waschen, trocken reiben, vierteln und in den Ecken des Backblechs platzieren.

4. Den Fisch kalt abspülen, trocken tupfen und mittig auf dem Backblech platzieren. Dann den Weißwein und das Öl über die Zutaten träufeln und Thymian sowie Meersalz darüber streuen. Den Rosmarin waschen, trocken schütteln, grob zerzupfen und mit den Oliven und Kapernäpfeln gleichmäßig über die Zutaten verteilen.

5. Alles im heißen Ofen (Mitte) 35–40 Minuten garen und danach direkt servieren.

SNACKS & CANDY

Hier finden sich oft die meisten Zuckerfallen. Im Supermarkt enthalten sogar die salzigen Snacks jede Menge versteckten Zucker – völlig unnötig. Es gibt nämlich so viele tolle Snack-Varianten, die schnell und einfach selbst gemacht werden können und ganz ohne raffinierten Zucker auskommen. Natürlich darf dabei auch der ein oder andere Klassiker nicht fehlen, aber überzeug dich einfach selbst von den gesunden Alternativen.

MATCHA-BUNS MIT GRÜNEM TEE & KIRSCHMARMELADE

Wer kennt sie nicht, die leckeren Zimtschnecken? Wie wäre es aber mal mit einer fruchtigen Variante mit einem Matcha-Teig, süßer Füllung und das alles ganz ohne raffinierten Zucker? Das Ergebnis kann sich jedenfalls absolut sehen lassen.

Zutaten

ca. 10 Stück

FÜR DIE BUNS:

400 g Dinkelmehl (Type 630), plus etwas mehr für die Arbeitsfläche

1 TL Matcha-Pulver

1 Pck. Trockenhefe (ca. 7 g)

1 TL Kokosblütenzucker

210 ml ungesüßter Haferdrink

1 Bio-Ei (Größe M)

Salz

FÜR DIE KIRSCHMARMELADE:

300 g TK-Kirschen

3 EL Kokosblütenzucker

1 Msp. gemahlene Vanille

AUSSERDEM:

100 g Kokosöl

1 Msp. gemahlene Vanille

TIPP: Wenn es mal schnell gehen soll, oder du gerade nicht alle Zutaten für die Marmelade parat hast, kannst du auch einfach eine Marmelade mit mindestens 70 Prozent Fruchtanteil wählen, die nach Möglichkeit mit Apfeldicksaft gesüßt ist.

Zubereitung

1. Für die Buns Mehl, Matcha-Pulver, Trockenhefe und Kokosblütenzucker in eine Schüssel geben und vermengen. In einem kleinen Topf den Haferdrink erwärmen (nicht heiß werden lassen!) und zur Mehl-Matcha-Mischung geben. Dann das Ei und 1 Prise Salz hinzufügen.

2. Mit den Knethaken eines Handrührgeräts den Teig zu einer klebrigen Masse verkneten. Anschließend die Schüssel mit einem sauberen Küchentuch abdecken und an einem warmen Ort oder im Ofen mit angeschalteter Lampe ca. 1 Stunde lang gehen lassen.

3. Währenddessen für die Marmelade die Kirschen in einen kleinen Topf bei mittlerer Hitze zum Köcheln bringen, dann den Kokosblütenzucker und die Vanille hinzugeben, verrühren und den Topf vom Herd ziehen. Die gesüßten Kirschen mit einem Stabmixer fein pürieren. Anschließend abkühlen lassen und beiseitestellen.

4. Den gegangenen Teig auf einer bemehlten Arbeitsfläche mit einem Nudelholz rechteckig ausrollen, sodass der Teig noch ca. 1,5 cm dick ist. Dann mit der Kirschmarmelade bis zum Rand bestreichen und von unten nach oben aufrollen, sodass eine Rolle entsteht. Diese in ca. 10 Stücke schneiden und die so entstandenen Hefeschnecken mit ca. 4 cm Abstand zueinander auf ein mit Backpapier ausgelegtes Backblech legen. Die Hefeschnecken abgedeckt nochmals ca. 30 Minuten gehen lassen.

5. Den Backofen auf 160 °C (Ober-/Unterhitze) vorheizen. In einem kleinen Topf das Kokosöl schmelzen, mit der Vanille verrühren und die Hefeschnecken mit einem Pinsel großzügig damit bestreichen. Anschließend für 20–25 Minuten im Ofen (unten) goldbraun backen. Aus dem Ofen nehmen, kurz abkühlen lassen und noch lauwarm mit der Marmelade genießen.

SÜSSKARTOFFEL-BROWNIES

Schokoladige Sünde? Oh nein! Die Süße für diese saftigen Brownies bekommen wir aus Süßkartoffeln und Datteln. Der Brownie ist so lecker, dass er im Hause Epi immer im Gefrierfach zu finden ist. So können wir nämlich immer schnell unseren süßen, schokoladigen Gelüste stillen. Überzeuge dich selbst!

Zutaten

Für ca. 16 Stück

FÜR DIE BROWNIES:

180 g Datteln (Deglet Nour) (alternativ 180 g Dattelsirup)

1 kleine Süßkartoffel (ca. 180 g)

150 g Hafermehl (siehe Tipp)

60 g Backkakao

1 TL Backpulver

½ TL Natron

½ TL gemahlene Tonkabohne

Salz

120 g Nussmus (z.B. Haselnussmus)

150 ml ungesüßter Haferdrink

½ Bio-Zitrone

FÜR DIE ZARTBITTER-SCHOKOCREME:

100 ml Einweichwasser von den Datteln (alternativ ungesüßter Haferdrink)

2 EL Nussmus

2–3 EL Backkakao

1 EL Dattelsirup (nach Belieben)

AUSSERDEM:

2 EL Kokoschips (nach Belieben)

2 EL Kakao-Nibs (nach Belieben)

1 Handvoll Himbeeren

Backform (23 cm x 23 cm)

Zubereitung

1. Die Datteln etwa 4 Stunden in mindestens 250 ml Wasser einweichen. Danach die Datteln samt Einweichwasser durch ein Sieb abgießen und das Einweichwasser in einer Schale auffangen. Die eingeweichten Datteln zusammen mit 120 ml des Einweichwassers mit einem Stabmixer fein pürieren.

2. Den Backofen auf 180 °C (Umluft) vorheizen und eine rechteckige Backform mit Backpapier auslegen. Süßkartoffel putzen, schälen und auf einer Gemüsereibe fein reiben. Hafermehl, Backkakao, Backpulver, Natron, gemahlene Tonkabohne und 1 Prise Salz in einer Rührschüssel gründlich vermengen.

3. In einer anderen Schüssel Nussmus, Dattelcreme und Haferdrink verrühren. Die Zitrone heiß waschen, abtrocknen und die Schale fein abreiben. Anschließend den Saft auspressen. Den Abrieb und 2 EL Saft der Zitrone in die Nuss-Dattel-Mischung rühren. Dann nach und nach die Masse in die Trockenmischung geben und mit einem Handrührgerät verquirlen. Sobald eine homogene, cremige Schoko-Masse entstanden ist, die geraspelte Süßkartoffel zugeben. Dann die Teigmasse in die Backform geben, gleichmäßig verteilen, glattstreichen und mit etwas Alufolie weitestgehend luftdicht abdecken. Den Brownie im heißen Ofen (Mitte) etwa 45 Minuten backen. Danach herausnehmen, die Alufolie entfernen und etwas abkühlen lassen.

4. In der Zwischenzeit für die Schokocreme in einer Schüssel alle Zutaten miteinander verrühren, sodass eine cremige Masse entsteht. Nach Belieben kann noch etwas Dattelsirup für etwas mehr Süße hinzugefügt werden. Die Zartbitter-Schokocreme über den abgekühlten Brownie geben und gleichmäßig verstreichen. Anschließend den Brownie mit einem scharfen Messer in gleichmäßige Stücke schneiden. Nach Belieben noch mit ein paar Kokoschips, Kakao-Nibs und Himbeeren toppen. Hierfür die Beeren davor waschen und vorsichtig trocken tupfen. Den Brownie am besten noch lauwarm probieren – ein Traum!

TIPP: Wenn du gerade kein Hafermehl zur Hand hast, kannst du auch einfach Haferflocken in einem leistungsstarken Standmixer zerkleinern.

APFEL-„DONUTS“

Bei einem zuckersüßen Verlangen muss es manchmal schnell gehen. Kuchen und Co. sind zwar eine tolle Alternative, aber oftmals siegt die Ungeduld, und man greift zum schnellen, zuckerhaltigen Snack. In solch einem Fall kommen dann diese schnellen und einfachen Apfel-Donuts wie gerufen.

Zutaten

Für ca. 6 Stück

1 Apfel

2 TL ungesüßter Haferdrink

1 TL Mandelmus

AUSSERDEM:

1 EL getrocknete Maulbeeren (alternativ auch Blütenpollen, Goji-Beeren, Leinsamen, Blaubeeren, Granola etc.)

1 TL Kakao-Nibs

Zubereitung

1. Den Apfel waschen und in ca. 1 cm dicke Scheiben schneiden. Dann in die Mitte der Apfelscheiben kleine Löcher schneiden und so auch Stiel, Kerngehäuse, Kerne und Blütenreste entfernen.

2. Den Haferdrink in ein kleines Schälchen geben, das Mandelmus hinzufügen und solange verrühren, bis eine cremige Konsistenz entstanden ist.

3. Die Apfelscheiben mit der Hafer-Mandel-Creme bestreichen oder beträufeln und zum Schluss mit den Maulbeeren und den Kakao-Nibs bestreuen. Fertig ist dein schneller zuckerfreier Snack!

KOKOSJOGHURT-FRUCHTGUMMIS

Fruchtgummis sind allseits beliebt, enthalten aber oftmals viel Zucker. Hier also eine zuckerfreie, leckere und frische Kreation, die man auch ohne schlechtes Gewissen abends auf der Couch oder auch mal zwischendurch genießen kann.

Zutaten

Für ca. 32 Gummis

200 g TK-Erdbeeren (alternativ Mango, Heildebeeren etc.)

200 ml ungesüßter Kokos-Reis-Drink

2 EL ungesüßte Kokos-Joghurtalternative

2 EL Ahornsirup

1 EL Zitronensaft

½ TL Johannisbrotkernmehl

1 Msp. gemahlene Tonkabohne (nach Belieben)

1 Pck. Agaranta (ca. 6 g) (aus dem Reformhaus)

AUSSERDEM:

Pralinen- oder Gummibärchenform aus Silikon (für 32 Stück)

Zubereitung

1. Die Erdbeeren mit 100 ml Kokos-Reis-Drink in einen Topf geben und aufkochen. Bei niedriger Temperatur solange köcheln lassen, bis alle Beeren weich sind. Dann die Beeren-Mischung mit einem Stabmixer fein pürieren und durch ein Sieb in eine Schüssel passieren. Dann Kokos-Joghurtalternative, Ahornsirup, Zitronensaft und Johannisbrotkernmehl hinzugeben und alles gut verrühren.

2. Den übrigen Kokos-Reisdrink, Tonkabohne und Agaranta mit dem Schneebesen in einem zweiten Topf gründlich verrühren, dann aufkochen und unter ständigem Rühren etwa 1 Minute köcheln lassen. Anschließend den Topf vom Herd ziehen, nach und nach die Erdbeer-Mischung zugeben und konstant rühren.

3. Die fertige Erdbeer-Kokos-Masse nun in die Silikonformen füllen und für mindestens 3 Stunden kaltstellen.

4. Im Kühlschrank halten sich diese leckeren Fruchtgummis bis zu 3 Tage. Man kann sie aber auch bis zum genüsslichen Vernaschen problemlos im Gefrierfach aufbewahren.

TIPP: Das Johannisbrotkernmehl ist ein pflanzlicher Vielfachzucker und stammt aus dem gemahlenen Samen des Johannisbrotbaums. Es ist in heißem Wasser löslich und quillt in kaltem auf. Deshalb wird es in der Lebensmittelindustrie als Geliermittel und Stabilisator eingesetzt.

MANDELSCHNITTEN

Unsere Mandelschnitten erinnern an eine beliebte Köstlichkeit aus der Kindheit. Sie kommen allerdings ganz ohne Getreidemehl und Milchprodukten aus und sind dennoch locker, leicht & so lecker – mhmm!

Zutaten

Für ca. 12 Stück

FÜR DEN TEIG

3 Eier (Größe L)

3 große Bananen

1 EL Backkakao

1 TL Backpulver

FÜR DIE FÜLLUNG:

4 EL Mandel-Joghurtalternative

4 EL helles Mandelmus

1 EL Honig

1 Msp. gemahlene Vanille

4 EL Mandelmehl

Zubereitung

1. Den Backofen auf 180 °C Ober-/Unterhitze (160 °C Umluft) vorheizen und ein Backblech mit Backpapier auslegen.

2. Für den Teig Eier, Bananen und Backkakao in einen Standmixer geben und solange mixen, bis keine Stückchen mehr vorhanden sind. Dann das Backpulver hinzufügen und erneut aufmixen. Anschließend die pürierte Masse auf das Backblech geben, gleichmäßig verstreichen und im heißen Ofen (Mitte) ca.15 Minuten backen.

3. In der Zwischenzeit für die Füllung Mandel-Joghurtalternative, Mandelmus, Honig, Vanille und Mandelmehl gut verrühren und bis zur Weiterverarbeitung im Kühlschrank aufbewahren.

4. Den fertig gebackenen Teig aus dem Ofen nehmen und kurz abkühlen lassen. Dann den Teig längs dritteln und quer in Streifen von je 2 Fingerbreit Breite schneiden.

5. Jeweils 1 Teigstreifen mit der gekühlten Creme bestreichen und mit einer weiteren Scheibe belegen. So oft wiederholen, bis die Teigstücke und die Creme aufgebraucht sind.

6. Die Mandelschnitten bis zum Verzehr kühl aufbewahren. Sie halten sich bis zu 3 Tage.

TIPP: Mandeln sind reich an mehrfach ungesättigten Fettsäuren und ein wertvolles Beauty-Food. Eine moderate und regelmäßige Aufnahme von Mandeln verbessert die Ernährungsqualität bei Erwachsenen und Kindern und kann die Zusammensetzung unserer Darmflora positiv beeinflussen.

„IN LOVE WITH THE COCO“-BITES

Die kleinen Kokosriegel waren früher Alex' Lieblingssüßigkeit. Diese zuckerfreie und gesündere Variante ist eisgekühlt eine perfekte Erfrischung an heißen Sommertagen.

Zutaten

Für 16–18 Riegel

½ Bio-Zitrone

1 kalte Dose Kokosmilch (400 ml Füllgewicht)

150 g Kokosraspel

2 EL Akazienhonig

Salz

100 g ungesüßte Zartbitterschokolade

AUSSERDEM:

Kokosraspel (nach Belieben)

Zubereitung

1. Eine kältebeständige Platte, die in das Gefrierfach passt, mit Backpapier belegen.
2. Die Zitrone heiß waschen, trocken reiben, ein wenig Schale abreiben und den Saft auspressen.
3. Den festen Teil der Kokosmilch in eine Schüssel geben. Zitronensaft, Kokosraspel, Honig, 1 Prise Salz und 1 Msp. Zitronenschale hinzufügen. Dann mit den Händen zu einer gleichmäßigen Masse verkneten. Aus je 1 gestrichenen EL der Masse daumengroße Riegel formen, auf die vorbereitete Platte legen und für mindestens 1 Stunde im Gefrierfach hart werden lassen.
4. Kurz bevor die Kokosriegel aus dem Gefrierfach herausgenommen werden, die Schokolade über einem warmen Wasserbad schmelzen und 1–2 Minuten abkühlen lassen. Je einen Kokosriegel in die geschmolzene Schokolade legen und diesen zügig rundum mit dieser umhüllen. Dann den Riegel mit einer Gabel herausheben, die Schokolade etwas abtropfen lassen, nach Belieben mit ein paar Kokosraspel bestreuen und zum Aushärten wieder zurück auf die Platte legen.
5. Die Riegel bis zum Genuss entweder im Kühlschrank oder im Gefrierfach aufbewahren. So lecker, dass man die klassischen Zuckerbomben absolut nicht vermisst!

TIPP: Der flüssige Teil der Kokosmilch eignet sich hervorragend für die Zubereitung eines grünen Smoothies (siehe Seite 150). Sollte außerdem noch flüssige Schokolade übrigbleiben, kann man diese einfach auf ein Backpapier kippen, vollständig aushärten lassen und bis zum nächsten Schokoschmelzen aufheben. So kommt alles weg!

BLUEBERRIES-AND-CREAM-NICECREAM
SALTED-CARAMEL-BITES-NICECREAM

PEANUT-BUTTER-DREAM-NICECREAM

STRAWBERRY-CHEESECAKE-NICECREAM

ICE ICE (N)ICECREAMS

Mit Nicecream werden epi(sche) Softeis-Träume wahr! Bei den Geschmäckern sind hier wie in der klassischen Eisproduktion nämlich geschmacklich keine Grenzen gesetzt. Lediglich der Geschmack von Banane oder auch anderen Früchten bildet meistens die süße Basis. Hier 4 Varianten unserer 100 Favoriten.

Zutaten

Für die Variante „Peanut-Butter-Dream“

Für 2 Portionen

1 reife Banane

70 g gefrorene Zucchini (ca. ¼ Zucchini)

1 TL Backkakao

1 TL Erdnussmus

Salz

AUSSERDEM:

1 TL gesalzene Erdnüsse (nach Belieben)

1 TL Kakao-Nibs (nach Belieben)

1 TL Ahornsirup

Zubereitung

1. Die Banane schälen und in Stücke schneiden. Zucchini putzen, waschen, kleiner schneiden und mit der Banane für mindestens 4 Stunden in das Gefrierfach legen.
2. Die gefrorenen Bananen- und Zucchinistücke mit Backkakao, Erdnussmus und 1 Prise Salz in einem Standmixer cremig pürieren.
3. Die Nicecream nach Belieben mit gesalzenen Erdnüssen, Kakao-Nibs und Ahornsirup toppen. Sofort servieren.

Zutaten

Für die Variante „Strawberry Cheesecake“

Für 2 Portionen

1 reife Banane

70 g gekochter und eingefrorener Blumenkohl (ca. 3 Röschen)

1 TL Ahornsirup (alternativ Honig)

1 Msp. gemahlene Vanille

1 Msp. Zitronenschale

AUSSERDEM:

2–3 frische Erdbeeren

1 EL Granola (z. B. siehe Seite 34–35)

Zubereitung

1. Die Banane schälen und in Stücke schneiden. Blumenkohl putzen, waschen, Röschen abteilen und im heißen Wasser garen. Abgießen, abtropfen lassen und mit der Banane für mindestens 4 Stunden in das Gefrierfach legen.
2. Die gefrorenen Bananenstücke und Blumenkohlröschen mit Ahornsirup, Vanille und Zitronenschale in einem Standmixer cremig pürieren.
3. Die Erdbeeren putzen, waschen und in kleine Stücke schneiden. Die Erdbeeren und das Granola entweder unter die Nicecream heben oder diese damit toppen und sofort servieren.

Zutaten

Für die Variante „Salted Caramel Bites“

Für 2 Portionen

1 reife Banane

80 g gekochte und eingefrorene Süßkartoffel (ca. ¼ kleine Süßkartoffel)

1 Msp. gemahlene Vanille

frisch gemahlenes Himalayasalz

AUSSERDEM:

1 Medjool-Dattel (ohne Stein)

1 TL Kokosblütensirup

frisch gemahlenes Himalayasalz

Zubereitung

1. Die Banane schälen und in Stücke schneiden. Süßkartoffel putzen, schälen und im heißen Wasser garen. Abgießen, abtropfen lassen und mit der Banane für mindestens 4 Stunden in das Gefrierfach legen.

2. Die gefrorenen Bananen- und Süßkartoffelstücke mit Vanille und 1 Prise Salz in einen Standmixer geben und cremig pürieren.

3. Die Dattel klein hacken und mit dem Kokosblütenzucker entweder unter die Nicecream heben oder mit 1 kleinen Prise Salz toppen. Sofort servieren.

Zutaten

Für die Variante „Blueberries and Cream“

Für 2 Portionen

100 g TK-Heidelbeeren

1 TL Honig

1 Msp. gemahlene Tonkabohne

1 Msp. Zitronenschale

AUSSERDEM:

1 EL ungesüßte Kokos-Joghurtalternative

1 EL frische Heidelbeeren

Zubereitung

1. Die gefrorenen Blaubeeren mit Honig, Tonkabohne und Zitronenschale in einem Standmixer oder mit einem Stabmixer cremig pürieren.

2. Die Heidelbeeren verlesen, waschen und trocken tupfen. Die Beeren mit der Kokos-Joghurtalternative unter die Nicecream heben oder damit toppen. Sofort servieren.

TIPP: Sollte dein Mixer oder Stabmixer nicht leistungsstark genug sein, dann lasse die gefrorenen Zutaten erst etwas antauen, bevor du sie mixt.

MOUSSE AU CHOCOLAT AUS AQUAFABA

Mit dieser Mousse au Chocolat werden vegane Foodporn-Träume wahr. Kaum zu glauben, dass die Mousse eigentlich nur aus zwei Zutaten besteht und trotzdem so unfassbar lecker schmecken kann. Na, neugierig?

Zutaten

Für 2–4 Personen

100 g ungesüßte Zartbitterschokolade

120 ml Aquafaba (Flüssigkeit aus einem Glas Kichererbsen)

AUSSERDEM:

4 frische Himbeeren

4 Minzeblättchen

1 EL Kakao-Nibs

Zubereitung

1. Die Schokolade über einem warmen Wasserbad schmelzen und 1–2 Minuten abkühlen lassen.

2. Währendessen das Aquafaba in eine saubere Rührschüssel geben und mit einem Handrührgerät mindestens 5 Minuten steif schlagen. Dann die abgekühlte, aber noch flüssige Schokolade vorsichtig und nach und nach in das geschlagene Aquafaba geben und vorsichtig von außen nach innen unterheben.

3. Die Mousse sofort auf vier kleine oder zwei goße Schälchen aufteilen und für mindestens 2 Stunden in den Kühlschrank stellen, damit sie aushärtet.

4. Vor dem Servieren die Himbeeren verlesen, waschen und vorsichtig trocken tupfen. Die Minzeblättchen waschen und trocken tupfen. Die Mousse au Chocolat mit je 1 Himbeere und 1 Minzeblättchen toppen und mit den Kakao-Nibs bestreuen. Ein fluffiger Schokotraum wird wahr!

SPICY PAPRIKA-KOKOS-CHIPS

Dieser leckere Snack ist low carb, reich an Mineralstoffen und enthält obendrein auch noch gesunde Fette. Fun Fact: Die Kokosnuss ist eigentlich gar keine Nuss, sondern eine Steinfrucht und somit für Nussallergiker eine tolle Alternative.

Zutaten

Für 2–4 Portionen

50 g Kokoschips

½ TL geräuchertes Paprikapulver

½ TL Ras el Hanout

½ TL Harissapulver (alternativ Chiliflocken)

Salz

frisch gemahlener Pfeffer

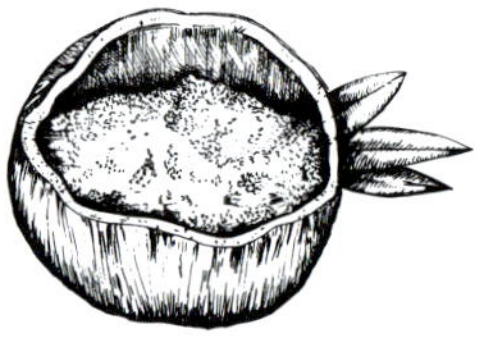

Zubereitung

1. In einer Schüssel Kokoschips, Paprikapulver, Ras el Hanout, Harissapulver, ½ TL Salz und 1 Prise Pfeffer vermengen. Dann 5–6 EL Wasser Wasser hinzufügen und alles gut verrühren. Anschließend alles ca. 20 Minuten quellen lassen, bis die Kokoschips das Wasser aufgesogen haben. Dabei gelegentlich umrühren.

2. Den Backofen auf 180 °C Ober-/Unterhitze (160 °C Umluft) vorheizen und ein Backblech mit Backpapier auslegen.

3. Die marinierten Kokoschips auf dem Backblech gleichmäßig verteilen und im heißen Ofen (Mitte) ca. 5 Minuten backen. Aus dem Ofen nehmen, mit einem Löffel wenden und weitere 5–8 Minuten backen. Dabei darauf achten, dass die Kokoschips nicht zu dunkel werden. Anschließend die Ofentür leicht öffnen und die Kokoschips im Ofen vollständig auskühlen lassen.

4. Die Paprika-Kokos-Chips entweder gleich bei einem Filmabend snacken oder in einem luftdichten Gefäß aufbewahren. Sie sind bis zu 1 Woche haltbar. Gut zu wissen: Mit der Zeit ziehen sie Feuchtigkeit und sind nicht mehr so kross. Der leckere Geschmack bleibt jedoch erhalten.

TIPP: Die Kokoschips schmecken auch toll mit italienischen Kräutern und Curry oder auch süß mit etwas gemahlenem Zimt, Kakao und Ahornsirup.

SAMENMIX-CRACKER

Unsere Cracker sind ein toller Begleiter für unterwegs, weil sie gesunde Energie liefern und fiesen Heißhungerattacken entgegenwirken. Unsere Variante ist sogar glutenfrei und vegan. Sie passen ebenso super zu Dips oder als Crumble über Salate.

Zutaten

Für 1 Backblech

30 g Kürbiskerne

200 g Vollkornreismehl

25 g Sesam

25 g geschroteter Leinsamen

25 g Sonnenblumenkerne

25 g Chia-Samen

Salz

1 TL Knoblauchpulver

1–2 EL italienische Kräuter, plus etwas mehr für das Finish

2–4 EL Olivenöl

Zubereitung

1. Die Kürbiskerne grob hacken und in einer Schüssel mit Vollkornreismehl, Sesam, Leinsamen, Sonnenblumenkernen, Chia-Samen, 1 TL Salz, Knoblauchpulver und 1 EL italienischen Kräuter vermengen. Dann 200 ml Wasser und 2 EL Olivenöl hinzufügen und zu einem gleichmäßigen Teig verkneten. Anschließend den Teig in der Schüssel ca. 20 Minuten ziehen lassen.

2. Den Backofen auf 180 °C Ober-/Unterhitze (160 °C Umluft) vorheizen und ein Backblech mit Backpapier auslegen.

3. Den vorbereiteten Teig mit den Händen kneten, zu einer großen Kugel formen und auf das Backblech geben. Ein Blatt Backpapier auf die Teigkugel geben und mit einem Nudelholz zu einem dünnen Teig etwa 0,5 cm dick ausrollen. Das obere Backpapier entfernen und mit einem Messer ein Schachbrettmuster aus Quadraten mit je 2 Fingerbreit Breite einschneiden. Dann die Masse im heißen Ofen (Mitte) ca. 20 Minuten goldbraun backen. Aus dem Ofen nehmen, die Stücke voneinander lösen und wieder nebeneinander auf das Backblech legen. Mit dem restlichen Olivenöl beträufeln, mit etwas Salz und italienischen Kräutern bestreuen und für weitere 7–10 Minuten in den Ofen geben. Anschließend die Ofentür öffnen und die Cracker vollständig auskühlen lassen.

4. Die Cracker passen herrlich zu Hummus und können in einer luftdichten Dose etwa 1 Woche aufbewahrt werden.

TIPP: Auch hier kannst du wieder mit den Gewürzen je nach Lust und Laune variieren. Für eine orientalische Variante eignet sich zum Beispiel Ras el Hanout oder Curry und geräucherte Paprika.

ORIENTALISCHE VARIANTE
ITALIENISCHE VARIANTE

„SWEET CINNAMON"-VARIANTE
TRÜFFEL-„PARMESAN"-VARIANTE

GERÖSTETE KICHERERBSEN

Das ist der Snack, nach dem wir schon so lange gesucht hatten: Einfach, schnell, aber auch gesund und so lecker! Alternativ können sie aber auch als Topping für warme Speisen oder als knusprige Komponente in Salaten verwendet werden. So oder so – sie sind ein Hit!

Zutaten

Für die Trüffel-„Parmesan"-Variante:

Für 2 Portionen

½ Glas Kichererbsen (120 g Abtropfgewicht)

2 EL Olivenöl

1 EL Hefeflocken

Salz

frisch gemahlener Pfeffer

1 TL Trüffelöl

Zubereitung

1. Den Backofen auf 200 °C Ober-/Unterhitze (180 °C Umluft) vorheizen und ein Backblech mit Backpapier auslegen.
2. Die Kichererbsen in ein Sieb abgießen, mit Wasser abbrausen und abtropfen lassen. In einer Schüssel die Kichererbsen mit Olivenöl, Hefeflocken, je 1 Prise Salz und Pfeffer vermengen. Dann die marinierten Kichererbsen gleichmäßig auf dem Backblech verteilen und im heißen Ofen (Mitte) 25–30 Minuten backen. Danach die Ofentür öffnen und die Kichererbsen im Ofen vollständig abkühlen lassen, damit sie schön kross werden.
3. Zuletzt das Trüffelöl über den Kichererbsen verteilen, alles gut vermengen und genießen – so lecker!

Zutaten

Für die orientalische Variante:

Für 2 Portionen

½ Glas Kichererbsen (120 g Abtropfgewicht)

2 EL Olivenöl

½ TL geräuchertes Paprikapulver

½ TL Ras el Hanout

Salz

Zubereitung

1. Den Backofen auf 200 °C Ober-/Unterhitze (180 °C Umluft) vorheizen und ein Backblech mit Backpapier auslegen.
2. Die Kichererbsen in ein Sieb abgießen, mit Wasser abbrausen und abtropfen lassen. In einer Schüssel die Kichererbsen mit Olivenöl, Paprikapulver, Ras el Hanout und 1 Prise Salz vermischen. Dann die marinierten Kichererbsen gleichmäßig auf dem Backblech verteilen und im heißen Ofen (Mitte) 25–30 Minuten backen. Danach die Ofentür öffnen und im Ofen vollständig abkühlen lassen, damit sie schön kross werden.

Zutaten
Für die italienische Variante:

Für 2 Portionen

½ Glas Kichererbsen (120 g Abtropfgewicht)

2 EL Olivenöl

1 EL italienische Kräuter
(z.B. Rosmarin, Oregano, Thymian)

½ TL Knoblauchpulver

Salz

frisch gemahlener Pfeffer

Zubereitung

1. Den Backofen auf 200 °C Ober-/Unterhitze (180 °C Umluft) vorheizen und ein Backblech mit Backpapier auslegen.

2. Die Kichererbsen in ein Sieb abgießen, mit Wasser abbrausen und abtropfen lassen. In einer Schüssel die Kichererbsen mit Olivenöl, italienischen Kräutern, Knoblauchpulver und je 1 Prise Salz und Pfeffer vermengen. Dann die marinierten Kichererbsen gleichmäßig auf dem Backblech verteilen und im heißen Ofen (Mitte) 25–30 Minuten backen. Danach die Ofentür öffnen und die Kichererbsen im Ofen vollständig abkühlen lassen, damit sie schön kross werden.

Zutaten
Für die „Sweet-Cinnamon"-Variante

Für 2 Portionen

½ Glas Kichererbsen (120 g Abtropfgewicht)

2 EL Kokosöl

½ TL gemahlener Zimt

1 EL Kokosblütenzucker

Zubereitung

1. Den Backofen auf 200 °C Ober-/Unterhitze (180 °C Umluft) vorheizen und ein Backblech mit Backpapier auslegen.

2. Das Kokosöl in einem kleinen Topf solange erhitzen, bis es flüssig ist.

3. Die Kichererbsen in ein Sieb abgießen, mit Wasser abbrausen und abtropfen lassen. In einer Schüssel die Kichererbsen mit dem flüssigen Kokosöl, Zimt und Kokosblütenzucker vermengen. Dann die marinierten Kichererbsen gleichmäßig auf dem Backblech verteilen und im heißen Ofen (Mitte) 25–30 Minuten backen. Danach die Ofentür öffnen und die Kichererbsen im Ofen vollständig abkühlen lassen, damit sie schön kross werden.

SAUCEN & CREMES

Saucen und Cremes bestimmen oft den Geschmack einer Speise. Aber fertige Produkte aus dem Supermarkt sind meistens voller Geschmacksverstärker, Konservierungsstoffe und Zucker. Das Geheimnis unserer zuckerfreien Saucen und Dips liegt in der Auswahl, Zusammensetzung und Qualität der verwendeten Gewürze und sonstigen Komponenten. Hier einige unserer persönlichen Lieblinge.

BÄRLAUCH-DIP

Meistens verleiht ein Aufstrich jedem Sandwich das gewisse Extra. So auch diese frühlingsfrische und aromatische Bärlauchcreme, die jede Stulle aufpimpt oder auch so zum Dippen einfach super ist.

Zutaten

Für 1 Glas (à 250 g)

50 g Bärlauch

200 g Feta

1 EL Olivenöl

1 Msp. frisch geriebene Muskatnuss

1 TL Zitronensaft

Salz

frisch gemahlener Pfeffer

Zubereitung

1. Den Bärlauch verlesen, waschen, trocken schütteln und grob hacken. Den Feta abgießen, abtropfen lassen und grob würfeln.

2. Bärlauch, Feta, Olivenöl, Muskatnuss und Zitronensaft in ein hohes Gefäß geben und mit einem Stabmixer cremig pürieren. Mit Salz und Pfeffer abschmecken.

3. Im Kühlschrank aufbewahrt, hält sich der Aufstrich gut verschlossen bis zu 3 Tage.

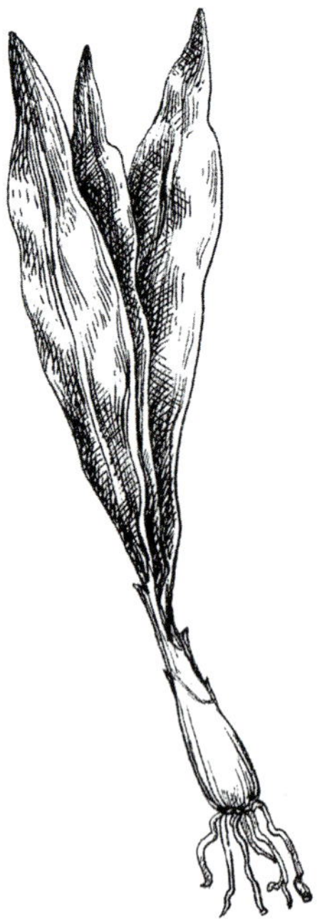

TIPP: Der Bärlauch-Dip eignet sich auch super als Creme für einen Flammkuchen (siehe Seite 86) oder kann auch zum Ofengemüse (siehe Seite 96) gereicht werden. Falls gerade keine Bärlauchsaison ist, kannst du diesen auch durch frischen Baby-Spinat und eine Knoblauchzehe ersetzen.

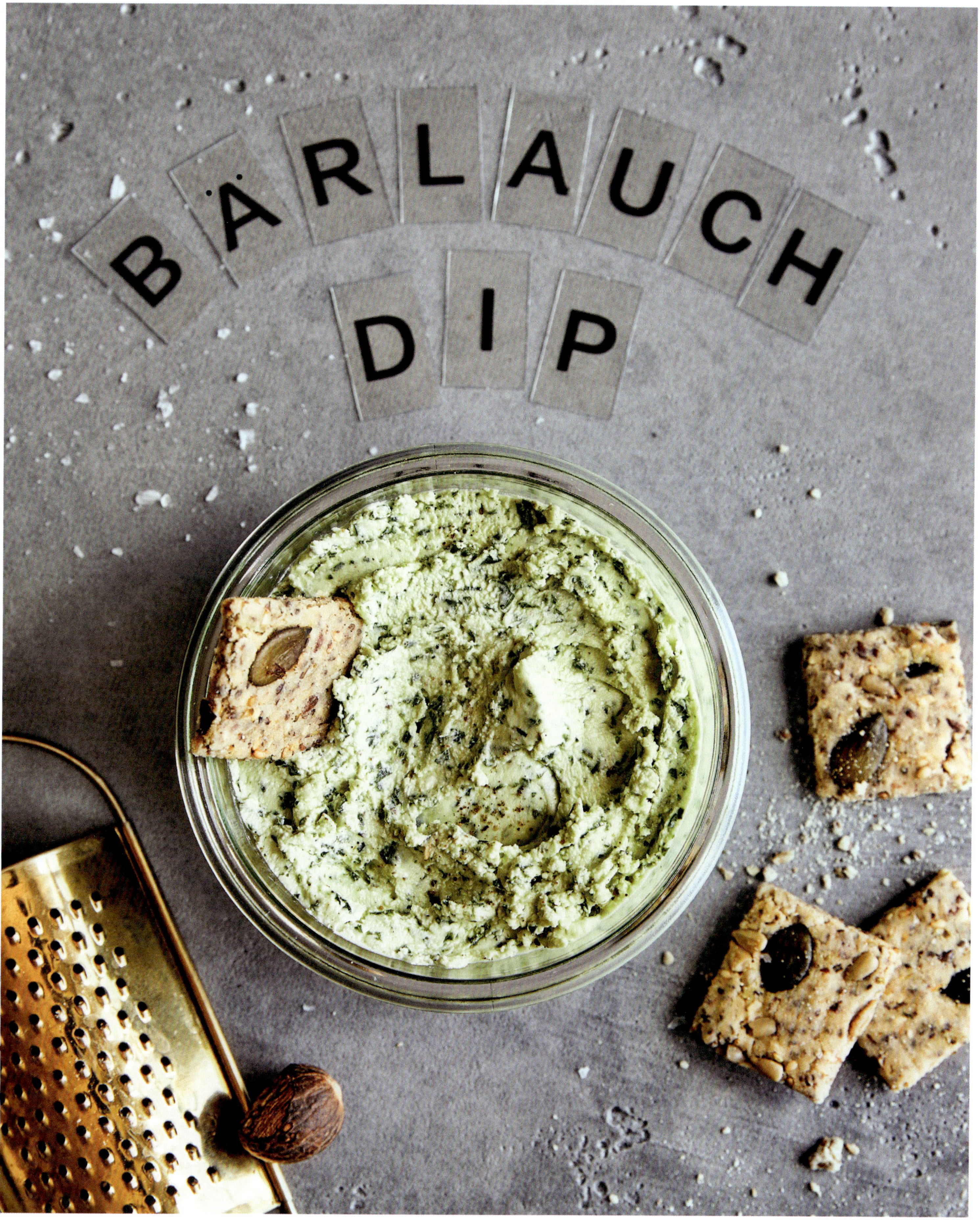
BÄRLAUCH
DIP

Süße Marmeladen, Cremes und Muse sind nicht nur genial auf dem Brot, sondern machen sich auch super im Müsli oder auf dem Porridge. Als Basis können frische Früchte der Saison, aber auch gefrorene Früchte oder Trockenfrüchte verwendet werden. Als gesunde Ergänzung nehmen wir gerne Nuss-, Saaten- oder Kernmuse her – hier lohnt es sich kreativ zu werden!

VANILLE-ERDBEER-MARMELADE
SCHOKOLADEN-CREME

SCHOKOLADEN-CREME

Zutaten

Für 1 Glas (à 150 g)

100 g Rosinen

Salz

2 EL Backkakao

Zubereitung

1. Die Rosinen mindestens 20 Minuten in einer Schüssel mit ausreichend heißem Wasser oder bestenfalls über Nacht einweichen.

2. Die Rosinen abgießen und dabei das Einweichwasser auffangen und beiseitestellen. Die Rosinen mit 1 Prise Salz und 6 EL vom Einweichwasser in eine hohes Gefäß geben und mit einem Stabmixer cremig pürieren. Dann den Backkakao hinzufügen und solange weiterpürieren, bis die erwünschte Konsistenz erreicht ist. Sollte die Creme zu flüssig sein, dann einfach noch etwas mehr Backkakao hinzufügen. Sollte die Creme jedoch zu fest sein, dann noch etwas vom Einweichwasser zugeben und wiederholt pürieren.

3. Die fertige Creme in ein steriles Einmachglas füllen. Das Glas fest verschließen und dunkel bei Zimmertemperatur lagern. Die Creme ist mindestens 3 Tage haltbar. Alternativ kann sie in kleinen Portionen eingefroren und nach Bedarf aufgetaut und direkt verwendet werden.

TIPP: Wenn du kein Fan von Rosinen bist, dann kannst du alternativ auch zu Datteln greifen und diese damit ersetzen.

SALTED-CARAMEL-CREME

Zutaten

Für 1 Glas (à 400 g)

1 Dose Kokosmilch (400 ml Füllgewicht)

80 g Kokosblütenzucker

100 g Datteln (ohne Stein)

1 Msp. gemahlene Vanille

frisch gemahlenes Himalayasalz

Zubereitung

1. Die Kokosmilch und den Kokosblütenzucker in einen kleinen Topf geben und zum Kochen bringen.

2. In der Zwischenzeit die Datteln grob hacken. Anschließend Datteln, Vanille und ½ TL Himalayasalz zur Kokosmilch geben und gut verrühren. Alles ca. 8 Minuten köcheln lassen und dann vom Herd ziehen. Die Masse mit einem Stabmixer fein pürieren und mit Himalayasalz abschmecken, bis die gewünschte Salzigkeit erreicht ist.

3. Anschließend das Karamell wieder erhitzen und 5–10 Minuten bei mittlerer Hitze köcheln lassen. Dabei gelegentlich umrühren. Sobald das Karamell die gewünschte Konsistenz erreicht hat, in ein steriles Einmachglas geben, fest verschließen und abkühlen lassen. Im Kühlschrank aufbewahrt ist die Creme mindestens 3 Tage haltbar. Alternativ kann sie in kleinen Portionen eingefroren und nach Bedarf aufgetaut und direkt verwendet werden.

VANILLE-ERDBEER-MARMELADE

Zutaten

Für 1 Glas (à 200 g)

200 g TK-Erdbeeren

2 TL Johannisbrotkernmehl

1 Msp. gemahlene Vanille

2–4 EL Ahornsirup oder Honig (nach Belieben)

Zubereitung

1. Die TK-Erdbeeren mit 100 ml Wasser in einem kleinen Topf erhitzen. Zugedeckt solange bei mittlerer Temperatur köcheln lassen, bis die Erdbeeren weich sind.

2. Anschließend den Topf vom Herd ziehen und alles mit einem Stabmixer fein pürieren. Dann das Johannisbrotkernmehl und die Vanille hinzugeben, mit einem Schneebesen gut verrühren und erneut alles mit dem Stabmixer pürieren. Die Marmelade sollte nun eine geleeartige Konsistenz haben.

3. Die Marmelade ein wenig abkühlen lassen und dann nach Belieben mit Ahornsirup oder Honig süßen.

4. Die Marmelade in ein steriles Einmachglas füllen, fest verschließen und abkühlen lassen. Im Kühlschrank aufbewahrt, ist die Marmelade mindestens 3 Tage haltbar.

TIPP: Du kannst hier bei der Zubereitung mit den Aromen frei variieren. So passt zu Erdbeeren auch frische Minze sehr gut. Dafür einfach 4–6 Blätter frische Minze fein hacken und mitpürieren. Ebenso kannst du auch andere Beeren, wie Himbeeren oder auch Mango verwenden.

TAHIN-DATTEL-CREME

Zutaten

Für 1 Glas (à 250 g)

5 Medjool-Datteln

200 g Tahin (Sesammus)

gemahlene Vanille

1 EL Sesamöl

Zubereitung

1. Die Datteln entsteinen und in einer Schüssel mit ausreichend lauwarmem Wasser mindestens 3 Stunden oder besser über Nacht einweichen. Am nächsten Tag die Datteln abgießen und abtropfen lassen.

2. Das Tahin mit 1 Prise gemahlener Vanille verrühren und die Datteln hinzugeben. Alles mit einem Stabmixer cremig pürieren.

3. Die fertige Creme in ein steriles Einmachglas füllen und mit einer Schicht Sesamöl bedecken (das sorgt für eine längere Haltbarkeit der Creme). Das Glas fest verschließen und dunkel bei Zimmertemperatur lagern. Die Creme ist mindestens 3 Tage haltbar. Alternativ kann sie in kleinen Portionen eingefroren, nach Bedarf aufgetaut und direkt verwendet werden.

SHIITAKE-CREME

Shiitake-Pilze weisen einen guten Eiweißgehalt auf, gleichzeitig aber wenig Kalorien und Fett. Besonders beliebt sind sie aber vielmehr wegen ihres Geschmacks, denn für manch einen besitzen sie sogar „Umami“-Qualität, die einen Geschmack unvergesslich erscheinen lässt. Aus diesem Grund haben wir uns zu einem Aufstrich mit diesen besonderen Pilzen inspirieren lassen.

Zutaten

Für 1 Glas (à 200 g)

10 g getrocknete Shiitake-Pilze

½ Glas weiße Bohnen (120 g Abtropfgewicht)

1 Knoblauchzehe

1 EL Olivenöl

2 EL gehackte Petersilie

1–2 TL Hefeflocken

½ TL geräuchertes Paprikapulver

Salz

frisch gemahlener Pfeffer

Zubereitung

1. Die getrockneten Shiitake mindestens 20 Minuten in einer Schüssel mit ausreichend warmen Wasser einweichen.
2. In der Zwischenzeit die Bohnen in ein Sieb abgießen, mit kaltem Wasser abbrausen und gut abtropfen lassen. Den Knoblauch schälen und grob hacken.
3. In einer Pfanne das Öl erhitzen und den Knoblauch darin 1–2 Minuten anbraten.
4. Bohnen, Petersilie, Hefeflocken, Paprikapulver und gebratenen Knoblauch in ein hohes Gefäß geben und mit einem Stabmixer cremig pürieren. Mit Salz, Pfeffer und ggf. nochmal mit ein paar Hefeflocken abschmecken.
5. Die Shiitake in ein Sieb abgießen, abtropfen lassen und ebenfalls zur Creme geben. Mit dem Stabmixer nochmal alles pürieren, bis die gewünschte Konsistenz entstanden ist. Eventuell nochmal mit Salz und Pfeffer abschmecken.
6. Die Creme hält sich im Kühlschrank gut verpackt etwa 3 Tage.

TIPP: Du kannst die Creme auch portionsweise in luftdichten, kleinen Boxen einfrieren. Einfach am Vorabend in den Kühlschrank stellen und bis zum nächsten Tag auftauen lassen. Nun einmal kräftig umrühren und schon hast du wieder eine leckere Shiitake-Creme, die sich auch prima als Dip für die Samenmix-Cracker (siehe Seite 120) eignet.

Im Grillsaucen-Regal im Supermarkt wurden wir auf der Suche nach gesunden Alternativen schon häufig enttäuscht – Zucker soweit das Auge reicht. Ab sofort ändert sich das aber, denn hier kommen einfache Rezepte für Ketchup, Mayo und Co. zum selbermachen. Mit Kräutern und Gewürzen können so aus Mayo oder Ketchup ausgefallene Varianten entstehen, also ausprobieren, genießen und Familie und Freunde anstecken!

KETCHUP
VEGANE REMOULADE
HOMEMADE-KETCHUP

VEGANE REMOULADE

Zutaten

Für 1 Glas (à 300-350 ml)

⅓ Bund Schnittlauch

1 Essiggurke

1 EL Kapern

100 ml ungesüßter Sojadrink

200 ml Olivenöl

1 EL Apfelessig

1 TL ungesüßter mittelscharfer Senf

Salz

frisch gemahlener Pfeffer

Zubereitung

1. Den Schnittlauch waschen, trocken schütteln und fein hacken. Die Essiggurke und die Kapern ebenso fein hacken.

2. Den Sojadrink in ein hohes Gefäß geben und das Olivenöl darauf gießen. Dann den Apfelessig zugeben und alles mit einem Stabmixer cremig pürieren, dabei den Stab immer wieder hoch- und runterziehen. Anschließend Senf, Essiggurken- und Kapernstückchen sowie gehackten Schnittlauch zu der Masse geben und gut vermengen. Mit Salz und Pfeffer abschmecken.

3. Entweder direkt servieren oder aber in ein steriles Einmachglas geben, fest verschließen und im Kühlschrank 2–3 Tage aufbewahren.

HOMEMADE-KETCHUP

Zutaten

Für 1 Glas (à 350-400 ml)

1 Zwiebel

2 EL Rapsöl

2 EL Tomatenmark

4 Romanatomaten

3 EL Kokosblütenzucker

Salz

frisch gemahlener Pfeffer

2 TL edelsüßes Paprikapulver

2 TL Speisestärke

2 EL Apfelessig

Zubereitung

1. Die Zwiebel schälen und grob hacken. In einem kleinen Topf das Rapsöl erhitzen und das Tomatenmark darin anbraten. Die Tomaten waschen und grob würfeln. Tomaten und Zwiebeln mit Kokosblütenzucker, 1 TL Salz, ⅓ TL Pfeffer und Paprikapulver zum Tomatenmark geben und ca. 2 Minuten köcheln lassen. Anschließend vom Herd nehmen und mit einem Stabmixer fein pürieren. Dann nochmal alles erhitzen und bei mittlerer Hitze ca. 30 Minuten köcheln lassen.

2. Die Speisestärke mit dem Apfelessig verrühren, zu der Tomaten-Mischung geben und mit einem Schneebesen gründlich unterrühren, sodass keine Klümpchen vorhanden sind.

3. Den Ketchup in ein steriles Einmachglas füllen, fest verschließen und abkühlen lassen. Der Ketchup hält sich in den Gläsern mindestens 2–3 Monate.

TIPP: Da wir auf Konservierungsstoffe verzichten, ist es wichtig, die geöffneten Gläschen möglichst schnell zu verbrauchen, ansonsten kann der Ketchup schnell verderben und zu schimmeln beginnen.

VEGANE KNOBLAUCH-MAYO

Zutaten

Für 1 Glas (à 300 ml)

100 ml ungesüßter Sojadrink

200 ml Rapsöl

1 EL Apfelessig

½ Limette

1 TL ungesüßter mittelscharfer Senf

Salz

1 Knoblauchzehe

Zubereitung

1. Den Sojadrink in ein hohes Gefäß geben. Das Rapsöl und den Apfelessig hinzufügen. Nun alles mit einem Stabmixer aufmixen und den Stab dabei hoch- und runterziehen. Diesen Vorgang 1–2 Minuten wiederholen, sodass eine dickflüssige Konsistenz entsteht.

2. Den Saft aus der Limette auspressen und diesen mit Senf und 1 Prise Salz vorsichtig unter die Creme heben. Den Knoblauch schälen und durch eine Knoblauchpresse in die Creme drücken. Alle Zutaten noch einmal vermischen und die Knoblauch-Mayo bis zum Verzehr im Kühlschrank aufbewahren. So aufbewahrt ist die Mayo bis zu 4 Tage lang haltbar.

TIPP: Wenn du die Saucen nicht jedesmal neu zubereiten möchtest, kannst du sie auch in Eiswürfelformen einfrieren und nach Bedarf auftauen.

VEGANE SOUR CREAM

Zutaten

Für 1 Glas (à 250 ml)

250 g ungesüßte Soja-Joghurtalternative

1 EL weißes Mandelmus

1 Knoblauchzehe

1 Frühlingszwiebel

¼ Zitrone

½ Bund Minze

Salz

frisch gemahlener Pfeffer

Zubereitung

1. Für die Sour Cream den Soja-Joghurtalternative mit dem Mandelmus verrühren. Den Knoblauch schälen und durch eine Knoblauchpresse dazu pressen.

2. Die Frühlingszwiebel putzen, waschen und in feine Ringe schneiden. Den Saft aus der Zitrone auspressen und zur Soja-Mandel-Creme geben. Die Minze waschen, trocken schütteln und fein hacken. Alle Zutaten gründlich miteinander verrühren. Mit je 1 Prise Salz und Pfeffer abschmecken und bis zum Servieren in den Kühlschrank stellen. In einem Schraubglas oder einer abgedeckten Schüssel aufbewahrt ist die Sour Cream etwa 2 Tage lang haltbar

LATTES & MOCKTAILS

Es ist erschreckend, wie viel Zucker sich teilweise in Getränken finden lässt. Generell sollte statt Zuckerwasser unser Durst mit Wasser gestillt werden. Für den Genuss zwischendurch gibt es hier ein paar tolle Ideen für Drinks, die mit natürlicher Süße auskommen und trotzdem nach mehr schmecken.
Du wirst klassische Softdrinks und Co. nicht mehr missen.

BLUE-MOON-MILK

Blaues Spirulina-Pulver ist eines der wenigen natürlichen blauen Farbstoffe für Lebensmittel. Es wird aus der Spirulina-Alge, einer Mikroalge, gewonnen. Sie ist relativ geschmacksneutral und ein tolles Färbemittel für ausgefallene Süßspeisen. Das Rezept hier ist eine tolle Abwechslung zu den klassischen süßen Latte-Getränken.

Zutaten

Für 1 Person

200 ml ungesüßter Kokos-Reis-Drink (alternativ Mandeldrink)

1 Msp. abgeriebene Schale von 1 Bio-Zitrone

1 TL Ahornsirup

1–2 Msp. blaues Spirulina-Pulver (aus dem Reformhaus oder Internet)

1 EL Zitronensaft

½ TL essbare, getrocknete Kornblumen-Blüten oder Rosenblüten (nach Belieben)

Zubereitung

1. Den Pflanzendrink mit der Zitronenschale und dem Ahornsirup in einem kleinen Topf auf ca. 70 °C erhitzen. Dann vom Herd ziehen und das blaue Pulver sowie den Zitronensaft hinzugeben und mit einem Schneebesen gut verrühren.

2. Die blaue Milch nach Belieben mit ein paar getrockneten Blüten bestreuen und genießen.

TIPP: Die meisten Pflanzendrinks lassen sich leider nicht so leicht aufschäumen, daher hierfür am besten einen Milchaufschäumer verwenden. Einfach 100 ml des Pflanzendrinks im Topf erhitzen und die restliche Milch in den Milchaufschäumer geben und zum Schluss auf die Blue-Moon-Milk gießen.

TROPISCHER UNDER-PALMS-MOCKTAIL

Dieser fruchtig-frische Mocktail schmeckt nach Kurzurlaub unter Palmen mit Sandstrand, Sonne und Meer. Hier kommt Fernweh auf!

Zutaten

Für 2 Longdrinkgläser (à 370 ml)

100 g frische Ananas

1 Limette

200 ml Kokosmilch (aus der Dose)

6 Eiswürfel

1 Msp. gemahlene Tonkabohne

kohlensäurehaltiges Mineralwasser

Zubereitung

1. Die Schale von der Ananas abschneiden, die Frucht halbieren, den Strunk entfernen und das Fruchtfleisch klein würfeln. Den Saft aus der Limette auspressen.
2. Ananaswürfel, Limettensaft, Kokosmilch, Eiswürfel und Tonkabohne in einem Standmixer ca. 2 Minuten fein pürieren.
3. Die Flüssigkeit auf zwei Gläser aufteilen und mit der gewünschten Menge Mineralwasser angießen. Fertig ist dein superlecker, alkoholfreier Mocktail!

FREE MIMOSA
MUY-CALIENTE-MOCKTAIL

ORIENTAL-BLISS-MOCKTAIL

MUY-CALIENTE-MOCKTAIL

Diese erfrischend-scharfe Kreation passt ideal zu lateinamerikanischen Rezepten oder auch zu Tortilla Chips und Salsa – Viva la Fiesta!

Zutaten

Für 2 Longdrinkgläser (à 370 ml)

4 Grapefruits

1 Limette

6 Minzeblättchen

6 Eiswürfel

2 eingelegte Jalapeño-Scheiben (aus dem Glas)

1 EL Dattelsirup

½ TL gemahlener Zimt

500 ml kohlensäurehaltiges Mineralwasser

Zubereitung

1. Die Grapefruits und die Limette heiß waschen und trocken reiben. Von einer Grapefruit und der Limette je 2 Scheiben herunterschneiden, halbieren und beiseitelegen. Den Saft aus den Grapefruits und der Limette auspressen.

2. Die Minzeblättchen waschen. Minzeblättchen, Grapefruit- und Limettensaft, Eiswürfel, Jalapeñoscheiben, Dattelsirup, Zimt und Mineralwasser in einem Standmixer pürieren.

3. Die Flüssigkeit auf die Gläser verteilen, mit den Grapefruit- und Limettenscheiben dekorieren, und servieren.

FREE MIMOSA

Der bekannte Cocktail aus dem Ritz-Hotel in Paris besteht aus Champagner und Orangensaft und ist ein sehr edles Getränk. Unsere alkoholfreie Variante mit Erdbeeren, Limette und Vanille steht der Originalrezeptur in nichts nach.

Zutaten

Für 4 Sektgläser (à 150 ml)

½ Bio-Orange

½ Bio-Zitrone

1 Limette

1 TL Kokosblütenzucker

4 Eiswürfel

100 g TK-Erdbeeren

1 Msp. gemahlene Vanille

200 ml Orangensaft

Zubereitung

1. Die Orange heiß waschen, trocken reiben und 2 Scheiben herunterschneiden. Die Scheiben halbieren und beiseitelegen. Den Saft aus der Zitrone und der Limette auspressen.

2. Den Zitronen- und Limettensaft mit Kokosblütenzucker, Orangensaft, Eiswürfeln, Erdbeeren und Vanille in einem Standmixer geben und ca. 1 Minute fein pürieren.

3. Die Flüssigkeit auf vier Gläser verteilen, mit jeweils einer geviertelten Orangenscheibe am Glasrand dekorieren und servieren.

ORIENTAL-BLISS-MOCKTAIL

So schmeckt die wohlverdiente Erfrischung inmitten der Medina: Fruchtiger Granatapfel trifft auf aromatisches Rosenwasser – Exotik pur!

Zutaten

Für 2 Longdrinkgläser (à 370 ml)

½ Granatapfel

1 Limette

2 EL Dattelsirup

500 ml kohlensäurehaltiges Mineralwasser

1 TL Rosenwasser (aus dem Reformhaus)

6 Eiswürfel

Zubereitung

1. Die Kerne aus dem Granatapfel herauslösen. Den Saft aus der Limette pressen.

2. Granatapfelkerne, Limettensaft, Dattelsirup, Mineral- und Rosenwasser gut verrühren.

3. Die Eiswürfel auf zwei Gläser verteilen und mit dem Oriental-Bliss-Mocktail aufgießen. Et voilà!

ALL-GOOD-GREENS-SMOOTHIE

Es gibt sie, die Tage, an denen wir wissen, wir brauchen die Extraportion Energie und Antrieb. Auch wenn wir uns übersäuert fühlen, zu viel gegessen oder auch zu viel getrunken haben. Dieser Smoothie gibt uns den nötigen Boost und kann helfen Magen und Darm zu beruhigen.

Zutaten

Für 2 große Gläser (à 380 ml)

50 g Spinat (alternativ Löwenzahn oder Wildkräuter)

4 Stangen Staudensellerie

½ Fenchelknolle

1 Zitrone

½ frische Bio-Kurkuma

10 g frischer Bio-Ingwer

1 EL Honig

1 Msp. gemahlene Vanille

400 ml ungesüßter Reisdrink

Zubereitung

1. Den Spinat verlesen, waschen und trocken schütteln. Den Sellerie und die Fenchelknolle putzen, waschen und in grobe Stücke schneiden. Den Saft aus der Zitrone auspressen.
2. Die Kurkuma und den Ingwer waschen. Spinat, Sellerie, Fenchel, Zitronensaft, Kurkuma und Ingwer in einen Standmixer geben. Honig, Vanille und Reisdrink zugeben und alles im Mixer pürieren.
3. Die Flüssigkeit auf die Gläser verteilen und sofort servieren.

TIPP: Um so viele Nährstoffe wie möglich aufzunehmen, ist es wichtig, den Smoothie direkt nach der Zubereitung zu trinken, denn sind die Nährstoffe einmal aufgespalten und in Kontakt mit Sauerstoff, können sie schnell gemindert werden.

CHAI LATTE

Das Nationalgetränk Indiens, der Masala Chai, wird in den verschiedensten Ausführungen getrunken. Unsere Kreation schmeckt herrlich aromatisch und wärmt von innen. Der Antioxidantiengehalt von Nelken ist überraschend hoch, und somit erfreut sich auch eure Gesundheit. In Felis Familie wird dieser Chai Latte innig geliebt.

Zutaten

Für 2 Personen

1 Stück Fenchel (ca. 30 g)

15 g frischer Ingwer

1 TL gemahlener Zimt

1 Kardamomkapsel

7 Nelken

300 ml ungesüßter Haferdrink, plus 150 ml mehr zum Aufschäumen

2 EL Ahornsirup

Zubereitung

1. Den Fenchel putzen und waschen. Den Ingwer schälen und hacken.

2. Eine Pfanne ohne Öl erhitzen und Fenchel, Ingwer, Zimt, Kardamom und Nelken darin kurz anrösten. Dann 150 ml Haferdrink zugießen und den Ahornsirup zugeben. Alles mit einem Schneebesen gut verquirlen und weitere 10–15 Minuten köcheln lassen.

3. Währenddessen den restlichen Haferdrink in einem Milchschäumer aufschäumen.

4. Den Topfinhalt durch ein Sieb in die Tassen gießen und dabei Fenchel, Kardamom, Nelken und Ingwer auffangen. Den fertigen Chai Latte auf die vorbereiteten Tassen verteilen, den Milchschaum darauf gießen und die wohltuende Wärme genießen.

REGISTER

QUELLEN

AGES: WHO Zucker-Empfehlungen, https://www.ages.at/themen/ernaehrung/who-zucker-empfehlungen

Carina Rehberg, in: Zentrum der Gesundheit, Honig – Die Speise der Götter, https://www.zentrum-der-gesundheit.de/honig-ia.html

Dr. med. Strunz, Ulrich: „Das Geheimnis der Gesundheit", München, Heyne, 2010

Embuscado, M. E. Polyols, in: Spillane, W. J. (Hrsg.), Optimizing sweet taste in foods, Cambridge, Woodhead
Publishing Limited, 2006

Frey, Hannah: „Zuckerfrei": Die 40 Tage-Challenge, München, Deutschland, GU, 2017

Gameau, David: „Voll verzuckert - that sugar book"; München, Deutschland, Gräfe und Unzer Verlag, 2015

Jana Reiblein, in: Wirtschatfswoche: https://www.wiwo.de/technologie/forschung/who-warnt-vor-versteckten-
zucker-verwirrende-begriffe/10864566-2.html

Johnson et al.: Potential role of sugar (fructose) in the epidemic of hypertension, obesity and the metabolic syndrome, diabetes, kidney disease, and cardiovascular disease, Oxford, 2007

Lars Reichardt, in SZ: Falsche Süße, https://sz-magazin.sueddeutsche.de/essen-and-trinken/falsche-suesse-80074

Lebensmittelklarheit: Zucker hat viele Namen, https://www.lebensmittelklarheit.de/informationen/zucker-hat-viele-namen

Maple from Quebec: Nutrinional Value, https://maplefromquebec.ca/benefits-of-maple/nutritional-value

NMI: Laktoseintoleranz weltweite Verteilung, https://www.nahrungsmittel-intoleranz.com/laktoseintoleranz-welweite-verteilung

Oregon State University: Glycemic Index and Glycemic Load, https://lpi.oregonstate.edu/mic/food-beverages/glycemic-index-glycemic-load#reference8

Prof. Dr. Überall, Florian und Dr. Überall, Andrea: „ EssMedizin": Gesund bleiben, Beschwerden lindern, Krankheiten heilen, München, Nymphenburger, 2015

Quarks: Wie schädlich ist zucker?, https://www.quarks.de/gesundheit/ernaehrung/wie-schaedlich-ist-zucker

Rapunzel: Süßungsmittel, https://www.rapunzel.de/ahornsirup.html

Statista: Pro-Kopf-Konsum von Zucker in Deutschland in den Jahren 1950/51 bis 2017/18, https://de.statista.com/statistik/daten/studie/175483/umfrage/pro-kopf-verbrauch-von-zucker-in-deutschland/#statisticContainer

The University of Utah: Fructose more toxic than table sugar in mice, https://archive.unews.utah.edu/
news_releases/fructose-more-toxic-than-table-sugar-in-mice

Theresa Kössler, in diabinfo: Diabetes-Typ-2-Ernährung, https://diabetesinformationsdienst.de/einfluss-des-
mikrobioms-auf-den-blutzucker

Utopia: Ist Milch gesund? – 5 Argumente gegen Milch, https://utopia.de/ratgeber/milch-gesund-ungesund

Wolffskeel von Reichenberg, Angelika Gräfin: „Deine Nahrung sei dein Heilmittel"; Murnau am Staffelsee,
Mankau Verlag GmbH, 2012

Wolffskeel von Reichenberg, Angelika Gräfin: Deine Nahrung sei dein Heilmittel; Murnau am Staffelsee, Mankau Verlag GmbH, 2012

DANKSAGUNG

Wir möchten uns bei all unseren Lesern und Followern bedanken. Euer Feedback, der Zuspruch und die vielfältigen Anregungen sind die Quelle unserer Projekte. Ob für dieses Buch oder unserem Blog www.epi-food.com. Vielen lieben Dank auch an unsere Familien und Freunde, die uns stetig unterstützen und motivieren.

Von Feli: Großen Dank an meine große Liebe Rene, der alles probiert, selbst ernannter größter Epi-Food-Fan ist und mir stets den Rücken freihält. Und natürlich an unsere Tochter, die auch mal tatkräftig mitgebacken hat und immer für gute Laune sorgt.

Von Alex: 1000 Dank an meine Eltern, die mir die Liebe zum Essen & Backen quasi in die Wiege gelegt haben. An meine Geschwister, meinen Neffen und meine italienische Schwägerin, die mir Kreativität und Wissbegierde vermittelt haben und mich immer wieder inspirieren. Aber auch ganz viel Liebe an unsere Freunde, die immer an uns geglaubt haben und uns schon so oft tatkräftig unterstützt haben. Ohne euch wären wir nicht so weit gekommen.

Auch Dankeschön an unsere Kooperationspartner, die uns immer wieder mit tollen Produkten ausstatten und an uns glauben. Ebenso ein Dankeschön an unsere Praktikantin Patricia, die uns in der Zeit dieser Buchproduktion umfangreich unterstützt hat. Ein großes Dankeschön an unsere Perle Steffi, die uns nicht nur seit 5 Jahren motiviert, sondern immer für gute Laune sorgt, und ohne deren Arbeit, unsere Events nicht denkbar wären.

Ein herzliches Dankeschön auch an Diana Jedrzejewski von EMF für das Herzblut, die vielen Stunden gemeinsamer Arbeit und dem steten Streben, dieses Buch zu einem besonderen zu machen.

Aber der größte Dank geht an die Epi-Community. Ihr macht es möglich, dass wir gesunde Ernährung, die uns bis tief in die Gene beinflusst, zu einem mitreißenden Lifestyle machen können. Zusammen sind wir eine atemberaubend tolle Bewegung, die positiv in die Zukunft der Ernährung blicken lässt.

#epicommunity

ÜBER DIE AUTORINNEN

Es begann alles, als zwei beste Schulfreundinnen ihre Liebe für gutes Essen, sowie die Wissbegierde für eine vollends gesunde Ernährung geteilt haben (und es bis heute mit wachsender Begeisterung noch tun). Aus einer Freundschaft entstand 2014 das Food-Label „Epi-Food". Mit dem ersten Buchprojekt „Epi-Food – Die neue gesunde Küche" startete Epi-Food nicht nur mit ihrem Rezepte- und Gesundheitsblog, sondern gründete auch ein Catering-Unternehmen. Mit namhaften Kunden stellten sie sich ein zweites Standbein für individuell ausgefeiltes und stylisches Catering auf. Nebenbei veranstalten sie auch ihre eigenen Epi-Food-Events in immer wechselnder Pop-Up-Manier. Von einer „Vegan Superfood Brunch"-Reihe zu einer „Loveocado Dinner-Serie" bis hin zu ihren neuen Events 2020/2021 die „Epi-Food presents"-Reihe. Alexandra und Felicitas haben sich somit der Rezept-Kreation verschrieben: stetig neue Rezepte mit gesundheitlichem Mehrwert in jeglicher Form. Auf Instagram nehmen sie die Epi-Community täglich mit auf ihrer persönlichen, gesundheitlichen Reise und klären über Gesundheitsfakten und -lügen auf. Sie wollen beweisen wie einfach und lecker es ist einen gesunden, epi(schen) Lifestyle zu führen und wollen dazu motivieren, sich diesem anzuschließen.
#epifood #epiyou

ÜBER DIE FOTOGRAFIN

Maria Panzer findet man meist mit einem Kochlöffel in der einen Hand und ihrer Kamera in der anderen. Als studierte Ernährungswissenschaftlerin hat sie ihre Berufung zum Beruf gemacht und arbeitet als freie Foodfotografin für namhafte Marken und Verlage.

NOCH MEHR ZUCKERFREIE KÜCHE

Soulfood Sweets - Zuckerfreie Köstlichkeiten
ISBN: 978-3-960**93-857**-6
30,00 € (D) | 30,90 € (AT)

Zuckerfrei in 14 Tagen – Das Turbo-Programm für ein gesundes und glückliches Leben!
ISBN: 978-3-74**59-0260**-0
15,00 € (D) | 15,50 € (AT)

IMPRESSUM

Bibliografische Information der Deutschen Bibliothek.

Die Deutsche Bibliothek verzeichnet diese Publikation in der Deutschen Nationalbibliografie.

Detaillierte bibliografische Daten sind im Internet über http://www.dnb.de/ abrufbar.

Bildnachweis:
Grundlagen- und Rezeptfotografie: Maria Panzer, Offenburg,
Autorenfotografie: Isabel Winckler, Zorneding; außer S. 159: Marina Scholze, Feldgeding
Layoutelemente: © Actor/Shutterstock, © Helena-art/Shutterstock, © Qualit Design/Shutterstock, © Epine/Shutterstock, © sunniwa/Shutterstock, © MicroOne/Shutterstock, © Afishka/Shutterstock, © MarinaD_37/Shutterstock, © ilnazgilov/Shutterstock, © mamita/Shutterstock, © Babich Alexander/Shutterstock, © MoreVector/Shutterstock, © Olga_Zaripova/Shutterstock, © arharyta Kovalenko/Shutterstock, © SpicyTruffel/Shutterstock, © Bodor Tivadar/Shutterstock, © DiViArt/Shutterstock

EIN BUCH DER EDITION MICHAEL FISCHER

2. Auflage 2021

Covergestaltung: Pia von Miller
Redaktion und Lektorat: Diana Jedrzejewski
Layout: Pia von Miller
Satz: Alexandra Wolf

ISBN 978-3-96093-871-2

Gedruckt bei Polygraf Print, Čapajevova 44, 08001 Prešov, Slowakei

www.emf-verlag.de